ンジェイ・ワイダ
drzej Wajda

ーラム・ポーランド　2014年　会議録
um Polska Konferencja 2014

Ｏフォーラム・ポーランド組織委員会

正誤表

ページ・行	誤	正
38頁　〈はじめに〉13-14行目	スキャンしていましたら	スキャンしているうちに
41頁　上から5行目	ワイダさんより6歳若い	ワイダさんより7歳若い
41頁　上から10行目	これは製作委員会方式の	これは恩地が企画した
43頁　上から19-20行目	工場のパイプ	工場内の配管
43頁　下から14行目	ナチスやムッソリーニの	ナチスの将校やムッソリーニの

フォーラム・ポーランド2014年会議録『アンジェイ・ワイダ』　ふくろう出版

監修　特定非営利活動法人フォーラム・ポーランド組織委員会
編著　関口時正　田口雅弘
協賛　ポーランド広報文化センター
翻訳・要約　イヴォナ・メルクレイン　グラジナ石川　レナータ・ソヴィンスカ＝三井
　　　　　　久山宏一　関口時正

Publikacja przygotowana przez Komitet Organizacyjny „FORUM POLSKA"
Redakcja: Tokimasa Sekiguchi, Masahiro Taguchi
Sponsor: Instytut Polski w Tokio
Tłumacze: Iwona Merklejn, Grażyna Ishikawa, Renata Sowińska-Mitsui,
　　　　　Kōichi Kuyama, Tokimasa Sekiguchi

この会議は、「NPOフォーラム・ポーランド組織委員会」賛助会員の皆様からも温かいご支援を受けています。

目次
Spis treści

目　次

ページ

2014年会議プログラム	7
開会の辞　ツィリル・コザチェフスキ（駐日ポーランド共和国大使）	8
はじめに　久山　宏一（NPOフォーラム・ポーランド組織委員会）	9
佐藤　忠男（映画評論家、日本映画大学学長） 「アンジェイ・ワイダの映画」	11
本木　克英（映画監督） 「ワイダに教わる映画の作り方」	17
大竹　洋子（映画コーディネーター、元東京国際女性映画祭ディレクター） 「こんにちは、ワイダさん——『大理石の男』から Manggha 創立 20 周年まで」	24
千葉　茂樹（映画監督） 「TV『ナスターシャ・夢の舞台』（1989）」	34
星埜　恵子（美術監督） 「ワイダが描く映画・舞台美術」	38
パネル・ディスカッション—— 「映画における"ポーランド派"の昨日・今日・明日」佐藤忠男、本木克英、大竹洋子、岩波律子（岩波ホール支配人） （モデレーター：久山宏一）	47
ポーランド語の部	61
2014年度会議写真	83
趣意書、KOFP 概要、KOFP 定款	87

Spis treści

Część po japońsku 7

Program konferencji 61

Otwarcie konferencji:
Cyryl KOZACZEWSKI (Ambasador Rzeczypospolitej Polskiej w Japonii) 62

Wprowadzenie:
Kōichi KUYAMA (Komitet Organizacyjny FORUM POLSKA) 63

Tadao SATŌ (Rektor Japońskiego Uniwersytetu Filmowego)
Filmy Andrzeja Wajdy 65

Katsuhide MOTOKI (reżyser filmowy)
Sztuka tworzenia filmów według Wajdy 67

Yōko ŌTAKE (koordynator filmowa, była dyrektor Tokijskiego Międzynarodowego Festiwalu Kina Kobiet)
„Dzień dobry, panie Andrzeju!"
– Od Człowieka z marmuru *do 20-lecia Muzeum Manggha –* 70

Shigeki CHIBA (reżyser filmowy)
Program telewizyjny „Nastazja: *teatr marzeń" (1989)* 72

Keiko HOSHINO (scenograf)
Sztuka filmowa i scenografia tworzona przez Andrzeja Wajdy 74

Dyskusja panelowa:
„Szkoła polska" w kinematografii – wczoraj, dziś i jutro
Tadao SATŌ, Katsuhide MOTOKI, Yōko ŌTAKE, Ritsuko IWANAMI
Moderator: Koichi KUYAMA 77

Zdjęcia z Konferencji 2014 83

Cele statutowe, działalności podstawowe, statut
Organizacji Non-profit FORUM POLSKA 87

フォーラム・ポーランド

2014年会議プログラム
アンジェイ・ワイダ

日　時：　2013年12月14日(日)　10:00-17:00
場　所：　青山学院アスタジオホール（渋谷区神宮前 5-47）
主　催：　フォーラム・ポーランド組織委員会
共　催：　青山学院大学　ポーランド広報文化センター
後　援：　駐日ポーランド共和国大使館
協　力：　岩波ホール、全日本鉄道労働組合総連合会（JR総連）、「ポーランド映画祭2014」（順不同）
総合司会：　田口雅弘（NPOフォーラム・ポーランド組織委員会）

10:00-10:10　　開会の辞　ツィリル・コザチェフスキ　駐日ポーランド共和国大使

10:10-10:20　　はじめに　久山宏一（くやま　こういち）NPOフォーラム・ポーランド組織委員会

10:20-11:05　　佐藤忠男（さとう　ただお）　映画評論家、日本映画大学学長
　　　　　　　　「アンジェイ・ワイダの映画」

11:05-11:15　　記念撮影
11:25-12:10　　本木克英（もとき　かつひで）　映画監督
　　　　　　　　「ワイダに教わる映画の作り方」

12:10-13:00　　昼食
13:00-13:45　　大竹洋子（おおたけ　ようこ）　映画コーディネーター、元東京国際女性映画祭ディレクター
　　　　　　　　「こんにちは、ワイダさん――『大理石の男』からManggha創立20周年まで」

13:55-14:55　　千葉茂樹（ちば　しげき）　映画監督
　　　　　　　　映像上映と解説　「TV『ナスターシャ・夢の舞台』（1989）」

15:05-15:50　　星埜恵子（ほしの　けいこ）　美術監督
　　　　　　　　スライド上映と解説　「ワイダが描く　映画・舞台美術」

16:00-16:45　　パネル・ディスカッション
　　　　　　　　「映画におけるポーランド派」の昨日・今日・明日
　　　　　　　　佐藤忠男、本木克英、大竹洋子、岩波律子（いわなみ　りつこ）（岩波ホール支配人）　モデレーター：久山宏一

16:50-17:00　　おわりに
　　　　　　　　ミロスワフ・ブワシュチャク　（ポーランド広報文化センター所長）
　　　　　　　　関口時正　（NPOフォーラム・ポーランド組織委員会）

同時開催展示：
　ワイダ映画ポスター展（ロビー）
　アンジェイ・ワイダの映画・舞台美術　エスキース＆イメージ画展（会場内）

開会の辞

ツィリル・コザチェフスキ
（駐日ポーランド共和国大使）

ご来場の皆様。

この会議への私の参加は今回で早や三度目となりますが、つねにポーランドの伝統と現在、そしてポーランド・日本関係の観点から重要なテーマを取り上げていただいているフォーラム・ポーランドの催しにこうして参加できますことを大変うれしく思います。

アンジェイ・ワイダという、現代のポーランド・日本両国関係にとってきわめて重要な人物をめぐるセミナーの開会を宣するという栄えある役割をいただきましたこと、このすばらしい事業を催行される皆様に御礼申し上げます。

歴史的なリアリズムと時代を超えたシンボリズムという二つの世界の間を、実に独特な仕方で往き来するこの芸術家の仕事と達成についての考察に皆さんをご案内するというのは、まさしく特権的な栄誉であると考えております。

アンジェイ・ワイダの傑作は、そのどれもがある種の記念碑です。その作品の中には、ポーランドの多文化的な遺産に対して捧げられた碑あり、ワルシャワ蜂起の記念碑あり、自由と連帯の記念碑があり、そしてカティンの記憶にまつわる記念碑があります。

今年はまた、ポーランドに存在する別の記念碑、誰でも見て触れることのできる記念碑建立の20周年を祝う年でもあります。ポーランド・日本交流のポテンシャルを証す象徴であるとも言える、博物館「マンガ」がそれであります。

アンジェイ・ワイダの業績に対するオマージュとなるであろう――と私は確信しておりますが――今日のセミナーの開会を、光栄の念をもって、ここに宣言いたします。それは、私たちの日本の友人たちにとって捧げられることでいよいよ貴重なオマージュとなりましょう。そのオマージュに対して私からも皆様に心から御礼申し上げたいと願います。

はじめに

久山宏一
（NPOフォーラム・ポーランド組織委員会）

　NPOフォーラム・ポーランド組織員会主催、青山学院大学、ポーランド広報文化センター共催の「2014フォーラム・ポーランド会議　アンジェイ・ワイダ」にようこそいらっしゃいました。
　1926年3月6日に生まれたアンジェイ・ワイダ監督は、日本風に言えば、今年米寿を迎えたことになります。最初の長編劇映画『世代』は1954年の制作ですから、映画監督としても、今年は還暦にあたります。
　ワイダ氏は、映画と演劇の演出に携わるだけにとどまらず、画家でもあり、教育者でもあり、祖国が危機的状況に置かれたときに発言を行う時事評論家でもあります。ちょうど四半世紀前、ポーランドの政治経済体制転換が進行していた1989年から91年にかけては、上院議員を務めていました。
　青年時代、ドイツ占領下のクラクフで日本美術展を観たことで芸術に目覚めたと語るワイダ氏は、ポーランドにおける日本文化紹介の促進者であり、今年20周年を迎えた日本美術技術博物館マンガの創立者です。
　本日の第10回フォーラム・ポーランド会議を計画するにあたり、私が最初に考えたのは、こうしたアンジェイ・ワイダの全体像を紹介しようということでした。佐藤忠男さん、本木克英さんの講演は彼の映画作家としての活動を、大竹洋子さんの講演はワイダと日本とのつながりを、千葉茂樹さんの上映と講演は主に彼の舞台演出家としての活動を、星埜恵子さんの講演は美術家としての活動について、わかりやすく解説してくださるはずです。
　私はまた、今日のシンポジウムが、アンジェイ・ワイダ監督と個人的な交友をお持ちの方のお話を聴く機会になればと願いました。
　佐藤忠男さんは、ワイダ映画が日本で紹介されはじめた1950年代後半から、批評家として彼に同伴しつづけてこられました。日本映画におけるヌーヴェルヴァーグは、共にワイダを同時代人として意識していた評論家・佐藤忠男と監督・大島渚、その他松竹の若い監督たちが推進しました。佐藤さんは、ワイダ監督ご自身とも、たびたび会われています。本日は、佐藤忠男さんが長年にわたる評論活動において初めて、ワイダ映画の全体像についてお話をしてくださることになりました。新作公開のつど佐藤さんが発表されてきた批評がまとめられ、ワイダ論またはポーランド映画論が出版される日を、心待ちにしております。
　大竹洋子さんは、高野悦子さんとともにエキプ・ド・シネマ運動に携わり、マンガ博物館の設立に多大の功績を果たされた方です。
　千葉茂樹さんは、東京で舞台演出を行うワイダを被写体として、まる一月追いかけ続け、迫真のドキュメント『ナスターシャ・夢の舞台』を制作されました。
　なお、お配りしたチラシが告知する通り、TVのWOWOWは現在、教育者としてのワイダが主題の記録映画を撮影中で、実はそのディレクターである別府隆さんにも、上映と講演をお願いしていたのですが、別府さんは一昨日、2度目の撮影のためワルシャワに発たれて

しまいました。
　彼から仕入れた最新情報によると、ワイダは現在、画家の伝記映画などを企画中だそうです。
　今はまだ、このようにして現役で活動を続ける芸術家の創作と活動を総括したり、ましてや回顧したりするのにふさわしいときではないのかもしれません。とすれば、ワイダを個人的に知らない現役のクリエーターが、年長の現役ポーランド人芸術家についてどう考えているのか、ぜひ知りたいものだ——プログラムを作成するにあたり、私はそんなことも考えました。
　中堅監督として旺盛な演出活動を続ける本木さん、ベテランの美術監督として創作・教育活動にあたられている星埜さんは、本日のシンポジウムをきっかけに、ワイダというお二人にとって新しい主題に取り組むことに同意してくださいました。
　私はワイダと本木さんのフィルモグラフィには、共にフレキシブルであるという共通点があると考えています。松竹ヌーヴェルヴァーグの後継者であり、『超高速！　参勤交代』の作者である本木さんが、『地下水道』の作者について何を語るのか、期待で胸が膨らみます。
　ワイダ氏は、マンガ博物館設立のため、多額の寄付を申し出たJR総連への感謝のしるしとして、ドローイングとエスキース計100点を寄贈されました。星埜さんには、そこから12点をセレクトしていただき、かつ美術家としてのワイダについてご講演いただけることになりました。また、ホール内における12点のオリジナル絵画の展示は、JR総連のご厚意により実現したものです。
　実は昨日、二つのポーランド映画関係の重大イヴェントがスタートいたしました。このホールから500メートルと離れていない映画館イメージフォーラムでの「ポーランド映画祭2014」第2部、そして地下鉄で半蔵門から10分、岩波ホールでのポーランド映画『幸せのありか』ロードショーです。みなさま、そちらにもぜひお運びください。
　今回のシンポジウムと同時に、その岩波ホールのご協力により、本ホールのロビーにおいて、同館で公開されたワイダ映画15本のポスター展を催すことができました。
　本日、5本の講演の後には、「ポーランド派」映画に関するパネルディスカッションが予定されていますが、そこには岩波ホール支配人の岩波律子さんにも加わっていただきます。実は大竹さんと岩波さんは、10日ほど前にマンガ創立20周年式典から戻られたばかりです。さぞや興味深いお土産話をご披露いただけることでしょう。パネルディスカッションの後には、両氏がワイダ監督から託された珍しい映像のサプライズ上映もあります。乞うご期待！
　最後になりますが、本日のシンポジウムの成否を遠くポーランドから見守ってくださっているクリスティナ＆アンジェイ・ワイダご夫妻（最新のメールは、今朝私の許に届きました）、開会のご挨拶を頂戴したポーランド共和国大使ツィリル・コザチェフスキ閣下、プログラムの作成を助けくださった岩波ホールの関係者のみなさま、特に大竹洋子さんに、心よりのお礼を申し上げます。
　それではみなさま、講演と上映を心ゆくまでお楽しみください。本日は、フォーラム・ポーランド会議にお集まりいただきましてありがとうございます。全国から集まられたみなさまを心から歓迎いたします。

アンジェイ・ワイダの映画

佐藤 忠男
（日本映画大学学長）

　今日はポーランド人や日本のポーランドの専門家たちの前でポーランド映画について話すというので、本当に憂鬱なのですけれども。しかし、ワイダの作品が日本に紹介された時から観ているという点ではもう私くらいしかいないのではないかと思いますのでこうして出て参りました。
　話のきっかけとしてワイダさんの日本に紹介された最初の作品の『地下水道』と『灰とダイヤモンド』のさわりだけ上映します。『地下水道』は1956年の作品です。もう半世紀は過ぎたわけです。

【『地下水道』、『灰とダイヤモンド』それぞれのエンディングをあわせて約13分映写】

　ご覧いただいた前半が『地下水道』ですね。地下水道といっても要するに下水道です。それから後半が『灰とダイヤモンド』のラストシーンでしたけれども。『地下水道』という作品はああいう場面が一時間くらい続くのです。下水道の中を這いずり回る。なぜ這いずり回っているかというと、第二次大戦の末期ですけれども、ソビエト軍がレニングラードでドイツ軍を撃破してからどんどん西へ進んでくる、そしてドイツ占領下にあるワルシャワに迫ってくる。その時ポーランド国内にはもちろんドイツ軍に抵抗する運動が非常に力強く行われていたわけですが、その抵抗運動というのが、ドイツ軍に抵抗するという目的は共通して持っているのだけれども、大きく分けて共産党系と旧ポーランド政府系――ロンドンに亡命して、ロンドンから指令を発して旧ポーランド軍を基礎にした抵抗の組織がありまして、この二つ以外にもたくさんあったようですが、あまり詳しく知りません。彼らはやはりお互いに本当は反目し合っているわけですね。かつてポーランドは王国だったし、旧軍隊があって、国内では抵抗組織になっているわけで、そこにロンドンから指令が入ってそれで動いていたわけで。それとソビエトに亡命した人たちを指導者にする共産党系の組織とは、相容れないわけですね。とりあえずはドイツ軍と戦っているので仲間ですけれども。それでソビエト軍がポーランドに入って来た。そしてワルシャワにも迫って来たという時に、ソビエト軍に先にワルシャワを占領されてしまうと社会主義国になることがわかっているから、それが嫌でソビエト軍より先にワルシャワの市内にいる抵抗組織が反乱を起こしたわけです、ドイツ軍に対して。それがワルシャワ蜂起ですけれども。このワルシャワ蜂起はドイツ軍に包囲されて徹底的に叩かれるわけです。それで逃げることが出来ないので〔ジェスチャー〕ここからここまで移るのに下水をくぐって移動すると。それを繰り返しやっていたわけですね、いろんな部隊が。そのひとつのグループが下水の中で壊滅していく姿を描いているわけです。それも延々と一時間も描いている。その前に地上の場面もありますけど。そしてその下水から出てきたところでそこにはもうドイツ軍は

待っていた、そういう状況ですね。そして逃げ回っている仲間はみんな英雄的に戦ったかというと、戦ったのだけれども、なかには自分たちが助かるために後続の連中に嘘を言ったり、そういう裏切り行為もあるわけです。そういったことをちゃんと描いているわけですね。それで非常に悲惨な戦いだったわけですね。後半に出てくる『灰とダイヤモンド』の最後に撃たれて死ぬ主人公は、その地下水道を這い回った抵抗組織の生き残りのひとりです。だから彼は共産党ではない。共産党に反対していたわけです。この『地下水道』という映画は日本ではじめて見た時に、下水道のなかで這いずり回るだけでも圧倒されますけれども、出口だと思って行ってみたらそこは鉄格子が嵌っていて逃げられないという場面が出てきますね。そこでちょっと河の向こうを見る場面があります。その時、別に作品のなかでは説明されていないのだけれど、どこからか聞いた噂では、対岸にはすでにソビエト軍が来ていて、河を渡れば自分たちを助けることが出来るのだけれども、共産党反対の勢力がワルシャワで、ソビエト軍が来る前にワルシャワは自力で解放したという実績をつくるために蜂起した。ロンドンの亡命政府からの指令であるという風に考えられて、それで無茶な蜂起をしたのだと思う。ソビエト側の言い分では、まだまだワルシャワを解放するまでの情勢になっていないのに、ソビエトに解放されるのがいやで国内軍（AK）のグループが勝手に蜂起してそれで全滅に近いような悲惨な結果になったとされていた。だからロンドン亡命政府はだめだと、あの連中には任せられない。それでまたロンドン亡命政府系のグループに言わせれば、解放されたと言っても共産主義になるのは嫌だということで、早く蜂起した。その蜂起が早すぎたと共産党は言うし、だからあいつらは無茶だと言う。それに対してすぐそこまで来ていながら俺たちを助けてくれなかったソビエトは信用できないと言うし、こういう国内の分裂があったんですね、抵抗組織にも。『灰とダイヤモンド』の終わりのほうに町のホテルでパーティをやっている場面がある。あのパーティはドイツが降伏文書に署名したという知らせを受けてそれでとりあえず街の有力者たちが集まってやっている。そこで挨拶になりますね、国内分裂もこれで和解しなければならないと、これは和解のためのパーティだと、台詞でちらっと出てきます。そういう意味のある場面なのです。しかし、そこには明らかに反共産主義者たちがいる。『地下水道』のレジスタンス戦士たちは要するに共産党反対なんです。あそこで這いずり回っている人たちは。戦後ポーランドは社会主義になるわけですね、ソビエトによって解放されて。それで社会主義になって行くのだけれども、それに対して何かと反対し続けたグループとして。そして彼らはかつてソビエトに亡命していてポーランドに帰ってくる指導者——そういう人たちは指導者になるわけですけれども——その指導者に対するテロリストになる。つまり、『灰とダイヤモンド』に描かれている、最後に撃たれて死ぬ男——マチェックっていうんですけど——マチェックは要するに国内軍 AK の戦士のひとりでありまして、それで AK はドイツ軍が潰滅してソビエト軍がやってくるとき、それと一緒にこれからポーランドを社会主義化するためのリーダーになる人物がやってくるので、その人物を暗殺するのが彼に与えられた使命であります。そのために実は間違って暗殺をしたり、何人か殺して、それで最後に逃げ出す時に撃たれて死んじゃうわけです。

『地下水道』の話をもう少ししなければいけないのですが、これは 1956 年の作品なんですね。この 56 年という年が非常に重要です。56 年に何があったか分かりますか？　その年の 2 月かな、フルシチョフのスターリン批判演説というのがありました。これは世界にとって非常に大きな意味を持つ演説です。つまりスターリンは亡くなっていたわけだけれどもその後継者になったフルシチョフが実はスターリンという男はひどいやつだったと、収容所だらけの国にしてしまった、そういうことを我々はもうやめなければならないということを公然と演説したわけです。すぐにそれで社会主義が変わるわけではないけれども、

後の社会主義が大きく崩れて行く最初の最も重要な反省ですね。そしてそれは世界の社会主義国に電撃的に伝わりました。他の社会主義国もこぞって、俺たちはそういうようなことはしない、と声明を発表しました。例えば中国では毛沢東は百家争鳴という演説をしました。百の花が開いて、百人の言論家が論争するという意味ですね。要するに、みんな自由になんでも言っていいとよと。その時に、これは私が噂で聞いただけでよく確認できないのだけれども、私が一番好きな中国の俳優で監督で、つまり社会主義系ではあるけれども非常に人間的な真実を描こうとした石揮という人がいるのですけれども、わたしが考えるには、日本占領下の時代から、それから中華人民共和国になってからの時代でもわたしの考えでは中国映画界の最高の人物だと思います。この人が百家争鳴という毛沢東の演説を聞いたとき、さっと手を上げて、私は独立プロを作りたいと言ったのです。やっぱり国営の映画製作ではどうもうまく行かない、自分の作りたい映画がどうも作れない、独立プロを作りましょう、という声を上げたのです。言って構わないよっていうから言ったのです。翌年毛沢東は、解放しすぎた、右翼分子が勝手なこと言い始めて、行き過ぎである、と言って反右派闘争という宣言をしました。その時石揮がどうなったか、私はいろんな中国の映画人に聞いたのだけれども、誰も知らない。ひとりだけ言ってくれました、自殺したと。真っ先に自殺したと言いました。私は中国映画界の偉い人に聞いたら、いや、それは違うと言われました。だから真相はわたしにはわかりません。しかし中国では、フルシチョフのスターリン批判というのはそういう影響を及ぼした。つまり、みんな自由にやっていいよと言ったのだけれども、一年後にはそういうことになって、それから中国映画は非常に教条主義的になっていきます。中国映画が自由になるのは80年代になってからですね。いまの活躍している中国映画界のトップの連中はだいたい80年代くらいから活躍するので、それ以前は非常に抑えつけられていたわけです。同じようなことは東ヨーロッパの社会主義諸国にもあった。ハンガリー映画とかチェコ映画なんかにもやはり、これを自由化と考えて社会主義に多少もの申すとか、また社会主義の現状に対して多少批判的な作品というものが現れた。なかでもポーランドのワイダはやはり驚くべき大胆さでフルシチョフのスターリン批判は直ちに活用したと思いますね。『地下水道』を作ったのですから。あの『地下水道』は、要するにそれまでの共産党の公式見解とは違う考え方を表現したのですから。ワルシャワ蜂起はロンドン政府の指令の元に動いていたお先っぱしりな連中のやった愚かな行動であると、共産党に反対する連中が共産党に実権を奪われないために慌ててやって損害ばっかり大きかった、そういうことであってあれは愚かなことだったという風な、まあそういった扱いを受けていて、ましてや地下水道を這い回ったことは英雄的な行為だったとは評価されてなかった。しかし彼らこそ、とは言ってないけれど、彼らも愛国者だったということはちゃんと描いてある。これはやっぱりポーランド人にとっては非常にまあ画期的なことだった。そして実は彼らが本当は描きたかったのは、川の向こう岸にはもうソビエト軍が来ていて助けることができたのに助けてくれなかったということらしい。それをあそこで暗示しているのだというようなことを当時聞きまして、しかし作品の中でそこまでは言ってないわけですけどね。そこまでは言ってないのだけれども対岸を見せるだけで、ポーランド人なんかわーっと分かるんだと言う風に言われまして、なるほどそうかと思いました。これは当時の日本の左翼的な青年といいますか、左翼に限らないけれど、国際情勢や何かについて関心のある若い人たちにとっては非常に驚くべきニュースでした。つまり社会主義国でもソビエトにもの申したい人たちがいるのだという、そういうメッセージとして受け取られたわけです、その噂が。そして当時の日本の若者たちの間で非常に重要な動きだったのは、敗戦後、日本の進歩的な青年たちには共産党の影響が非常に強かった。というか共産党に入ることが反体制であるということですね、共産党を

支持することが反体制であるということで、他にそういう勢力ないですから。だと思っていたのだけれど、その共産党は日本の敗戦後に中国に行っていた野坂参三というリーダーが帰って来て、そこで「愛される共産党」というスローガンを打ち出した。共産党というと暴力革命とみんな思うからそれで嫌われるけれども。しかし我々は共産党が愛されるように努力して、そして選挙で勝って左翼政権を作れるのだと、そういう考え方を打ち出して、それがまあ愛される共産党って言葉で広く流布しておりましてね。ところが朝鮮戦争になってソビエトは日本の「愛される共産党」が気に入らなくなりまして、何を脳天気なことを言ってるんだという声明が日本の共産党にもたらされて、それで共産党が分裂するのですね、武力闘争派と「愛される共産党」派です。武力闘争派には、ここには日本映画に関心のある方がいらっしゃると思うので言いますと、土本典明さん、黒木和雄さん、勅使河原宏さんが武力闘争派の若者でした。みなさんご存知だと思いますけど、実に誠実な人たちですよね。誠実な人ほど反体制でなければいかんと思っていたし、その運動がソビエトから批判されてそして党が分裂して大騒ぎになっている時に進んで武力闘争派に走って、そしてみなさん酷い経験をして左翼運動にある疑問を持つようになった。反共になるということではなくて、ソビエトからの指令頼りの共産党に疑問を持つようになってきた。そして55年頃だったか、六全協という共産党の大会がありまして、そこでは武力闘争を反省した。非常にあさはかなものだった、山村工作隊なんていうのがね。それで、ああいうことはやめた、と宣言しまして、しかしやめたと言っても、そのことで刑務所に入った人もたくさんいる、それに対して党は責任を持たないのか、取らないのか、ただやめたじゃあ、それは聞こえませんということでね、共産党の中で共産党批判派が現れて、あまり表には現れていませんけれども、左翼の青年たちの中にはそういう向きがかなり現れた。そこに『地下水道』が現れたわけですから。地下水道を這いずり回っている人たちを愛国的英雄として賛美して終わるという映画じゃない。なんでこんなにつらい思いをして最後には仲間が分裂をしたりして、それでみんな大部分は死んで行ったと。その彼らになんて言ったらいいんだろう、そしてその人たちの愛国的な行動は無視されているといいますか評価されていない。その葛藤があるからこの映画はなんか異様な迫力があるのですね。ただ英雄的だったとか、ただ悲惨だったとかということを越えた、英雄的なことと悲惨なこと、それからそれに対する疑問やなんやらが下水のなかで格闘しているんですね。だからあれを観たとき実際に下水の行動に参加した生き残りの人たちはかわいそうで、素晴らしいと思わなかったらしいですよ。俺たちはもっと立派なことをしたはずなのにこれで観ると、そういう風に逃げ回りながら仲間を裏切ったり馬鹿なことを言ったり必ずしもヒーローとは見えない描き方、まぁあの女性——最後まで仲間を導いた女性——はヒーローですけど、見事なヒーローでしたけどね。この愛国的に戦って散って行った人たちを万歳っていう映画じゃないんですよ。なんて言ったらいいんだろうこの悲惨さは。これだけの犠牲をはらいながら、ただ無謀な蜂起だったというだけで忘れてしまっていいものだろうかと真剣に問う姿勢がここにはある。ソビエト軍はなぜ助けてくれなかったかとははっきりとは言わないけれどポーランド人ならすぐそれに気づくらしい。こんな映画を作るほど、社会主義国にも問題がある、そしてそういう問題をちゃんと表現しているとはすごいなということになったのですね。

　当時の人たちは、だけどこれではじめて俺たちの本当の姿を見直すことができたと、そこから出発しなければいけないということで、それがポーランドにとっては国民映画的な価値を持ったのですね。同じことは『灰とダイヤモンド』にも言えまして、ソビエトから帰ってくる社会主義ポーランドの指導者になるであろう人物を暗殺するテロリストが主人公で、そのテロリストがああやって死んでゆくわけですけれども、あのツィブルスキって

いう俳優が当時評判で——こうやって悶えながら死んでゆくでしょ——まあ社会主義に反対しているテロリストだからこういう悲惨な死に方をするのですという意味で検閲は通った。しかし一般の観客が観ると俺たちの本当のヒーローになるはずだった連中がこんな惨めな死に方をしたのだと言ってくれている、みんないままでそれを言えなかった。言えなかったけれども袖で涙を流した。といってじゃあこれは反共〔映画かというと、そう簡単にも言えない〕。共産主義批判の運動は、その後ワイダには『大理石の男』とか『鉄の男』というのがあって、この辺はみんなご存知だと思うので時間の都合で省略します。みなさんが観ていないと思われる作品の話をしましょう。

　彼はこれらの作品によってフルシチョフがちょっと緩めた言論の自由っていうものをポーランドにおいて最大限に活用して、そして言える範囲で——もちろん社会主義国ですから検閲はあります、相当厳しい検閲があります——しかしその範囲内で、ポーランド人ならみんなわかる、そしてポーランド人でなくても、こりゃなんだ、異様な迫力があるな、この異様な迫力は一体どこから来るんだという形で、社会主義国における体制批判というものが存在するということを具体的に伝えたわけですね。特に日本では非常にそうでした。私の知っている範囲でもそういう人たちが一番強く反応した。しかし別に共産主義の問題だけじゃなくて、国家から、政府から裏切られるという経験は我々の世代はみんなしているわけですから、国家から裏切られた場合、それに対する反抗っていうのはどういう形を取るか、そういう点では非常に広く世界の若者を揺り動かしたわけです。ただこれだけはぜひ言っておきたいのだけれども、それが反共、右翼っていう形はとらない、ここがやっぱり非常に重要な問題点でありまして、当時アンジェイ・ワイダを先頭にして何名か非常に優秀な監督が現れてひとくくりにポーランド派と言われたのですけど、ポーランド派の中には、そういうポーランド的ヒロイズムというのですかね、ポーランドにはヒロイズムの伝統があるわけです。ポーランドはかなり長い間国家が存在しなかった。ポーランド人はいたけれども、周囲の大国に分割されてしまってポーランドという国がなかった時代がかなり長くある。それに対する独立運動の伝統があって、そこでは一種のヒロイズムが育まれている。しかしそのヒロイズムをあんまり野放しにしているのもいかがなものかという自己批判はワイダの作品にちゃんとあります。

　日本で公開されてないですけれども『灰』という作品がありまして、これはナポレオン時代を扱っている。ナポレオン戦争があって、多くの独立運動の志士たちがナポレオンがポーランドを独立させてくれると信じてナポレオン軍に参加した。ところがナポレオンはそのポーランドの部隊を、ナポレオンに抵抗するスペインを弾圧するために使った。それでまた元に戻って来た。ところがポーランドの志士たちがナポレオンのところに戻ってきたらナポレオンはすでにロシアとの戦いに負けて、もうポーランド人を独立させてやるどころの話ではなくなっていた。そういう話なんですけどね、この映画をポーランド人に聞くと、あれは長過ぎてワイダの失敗作だよっていうんだけどね、わたしはポーランド人の持っている熱烈なヒロイズムを『地下水道』や『灰とダイヤモンド』で描いて、それをちゃんと検閲に通るようにして描いた。その論法で持って、こんどは権力によって利用されるヒロイズムというものもちゃんと描いていると思う。それからこれもワイダさんの失敗作だって言われているのだけど『ロトナ〔Lotna〕』という作品があります。これは、ポーランドの騎兵隊の話です。それはポーランド軍の誇りだった。ワイダのお父さんが騎兵隊員だった。第二次大戦の始まりにポーランドの騎兵隊がドイツの戦車部隊に騎兵突撃をやったっていう伝説がありましてね。戦車に馬で斬りつけたって勝てるわけないのでそれは冗談だろうと思って、史実だとは思えないんだけど、そういう伝説がありまして、これをちゃんとやっているんです。サーベルを持って戦車に突撃していくという場面がありまして、

これはやはりポーランドにおけるヒロイズムの自己批判というか客観視する、そういうゆとりというか、目がちゃんとあって、『灰とダイヤモンド』でも撃たれて死ぬ男がこうシーツを押さえると血が滲み出てきまして、そしてその血を見るのはわかるけれども臭いを嗅ぐでしょ、血の臭いを嗅ぐっていうのは、あれはやっぱり一種のジョークだと思いますね。なんというか、ヒロイズムに酔ってないですよね。英雄的に振る舞って、悲惨な死に方をする男がこれを多少ジョークっぽくやっているのは、これがやっぱり他の国にあんまりないポーランド的ユーモアあだと思いますね。あれはユーモアといっても笑えませんけれどもそういう表現だと思います。それでポーランドには他にもそういう表現をする作家が何人もいて非常にヒロイックな映画をつくると思うと同時にヒロイズムのその滑稽な部分をちゃんと見せると言うね、これはやっぱりポーランド的な精神の非常に面白いところで、その辺からポーランドの映画は面白くなるのであります。まあ時間が来ましたので（笑）。

（録音起こし担当：森京子）

ワイダに教わる映画の作り方

本木克英
（映画監督）

　皆さん、こんにちは。松竹の映画監督をしております本木克英と申します。
　ポーランド映画に関しては完全に門外漢だと思っておりましたが、私のデビュー作であります『てなもんや商社』という喜劇があり、それを今日午後からご講演されます大竹洋子さんが、大変応援してくださいまして、その大竹さんから先日お電話がありました。「あなた、アンジェイ・ワイダの映画は見てる？」とおっしゃいましたので、「ええ、本当に代表的なもの数本だけですが、『地下水道』だとか『灰とダイヤモンド』だとか『大理石の男』だとか‥‥」と、そんな話をしたら、「じゃあ今度、私がお願いする会で喋ってくれるわね？」と言われまして、断るに断れなくなって、ここへ参りました。そして、その数日後に久山宏一さんがいらっしゃいまして、DVDを15本お持ちになって（笑）「あらためて見てほしい」と。あらためて見て、現役の監督として、アンジェイ・ワイダの作品について、あるいはその演出や技術についてどう思うかというあたりを考えてくれれば良いということでした。「気楽にお話してください」という言葉自体が大変なプレッシャーになりまして、安請け合いをしたことを昨日の、いや、今朝まで、後悔しておりました。ただし、15本は見ました。それで、私の経験の中にあるアンジェイ・ワイダ像というものを、わずかではありますが掘り起こして、主にアンジェイ・ワイダという映画作家の演出や技術について、自分がどう感じたかについて、お話したいと思います。
　私は1963年生まれですが、ちょうどアンジェイ・ワイダ監督の『悪霊』が日本で公開される少し前の1987年から、映画作りと関わり始めました。ちょうどバブル期ですが、就職活動をしておりましたら、松竹という日本の映画会社が助監督を17年ぶりに社員で募集するという機会がありました。それで入社して助監督になりまして、それから25年、26年経つのですけれども、その後、助監督の採用はありません。ですから、千載一遇の機会を捉えて、松竹の社員助監督になったわけです。当時は大船撮影所で、助監督修行を始めたのですけれども、その時、最初についた作品が森崎東監督の『塀の中の懲りない面々』でした。安部譲二さん原作で、刑務所の中の囚人たちの生態を描いたこの作品に助監督として参加しました。まあ、映画監督という人種に初めて会ったのも森崎さんが最初だったんですけれども、当時すでに還暦でいらっしゃいました。ちなみに森崎監督の最新作は、『ペコロスの母に会いに行く』という、ご自身が認知症を自覚しながら、ドキュメントも自分で撮られながら、それをさらに娯楽作品にしているというものです。その森崎東監督が、『塀の中の懲りない面々』の打合せ、「本打ち」――脚本の打合せ――をしている時に、僕は助監督の一番下っ端ですから、カチンコをたたいて、まあ主に「歩くな、走れ、立っていろ、座るな、立て」と言われながら、僕には白と見えるものでも、監督が黒だと言ったら、黒だと言わなければならないような助監督修行を始めたわけです。
　松竹の伝統として、まずオリジナルでシナリオを書けなければ、監督にはさせない、という大方針がありましたので、下手な脚本を何度も書きました。それで、たまたまそのつ

いた『塀の中の懲りない面々』で、森崎監督がまずおっしゃったのは、「本木、お前、アンジェイ・ワイダの『地下水道』は見たか?」と、そして「今回はこれで行く!」と、おっしゃったんですね。で、それは、まあ昔、名画座で見たことがありますが、記憶の中にはあまり明確には残っていなかったので、あらためてビデオで見て、「どこがあの『地下水道』なのだろう?」と思ったわけですね。で、森崎監督は非常に抽象的な言い方をされたのですけれども、要するに刑務所の中というのは抑圧された空間なんだと、その抑圧された空間を約2時間、刑務所の中だけを描くわけです。抑圧された人たちが何らかの解放を求めて活躍する映画なのだから、根本的な精神はワイダの『地下水道』だと言われたんですね。ということで、あらためて見ました。見ましたけど、どうそれが、あの作品に投影されたのかは未だにちょっと分かりません。

　映画監督というものにどういうタイプがあるかと言いますと、まあ「芸術家である」という監督と、それから「職人として生きる」監督、まあその2種類あるわけです。私は松竹に入りましたので、当然、商業映画あるいは劇場公開映画の作り方を教わったわけなのですけれども、まあ、この『地下水道』をあらためて見まして私が感じたのは、アンジェイ・ワイダという監督はきわめて——ハリウッド式と言いますか——職業的映画監督の技術を非常に高く備えた方であるということです。よくシナリオ作りなんかで言われるのは、冒頭の10分以内にすべての状況、これから起こる世界を、説明ではなく、説明ではない形で感じさせて、その映画の中に没入させよ、という基本がございまして、それが見事に作られているのが、この『地下水道』の冒頭、クレジットの後の「悲劇の始まり」です。まずは実際に映画の一部をご覧ください。

　【映写】

　はい、ありがとうございます。えー、いかがでしょうか? このほんの数分で、すべての登場人物について解説し、時代背景を紹介しています。そして最後に、意外性のあるピアノですね。ここで——『戦場のピアニスト』が近作ではありましたけれども——芸術家も紹介して、これから何が起こるんだろうと、あのパーカッションの効いたあの音楽をのせながら、期待感を煽っていく、これはもうまさに娯楽映画の、ハリウッドの監督たちの手法です。で、これをあえて、押しつけがましくなく紹介していく、これこそ僕が松竹で学んだ映画作りの一つの手法です。シナリオについても、説明はするけども、過剰なものは排する、そして、作り手自身が感傷的にならないように、客観的に描けと。

　さらに松竹の映画作りで非常に重要視され、当時よく言われたのは、「すべてのメッセージは家族を通して描け」ということでした。これは城戸四郎という、松竹を長年支えてきた——後に社長、会長になるんですけれども——プロデューサーが決めた方針で、その中で数々の松竹の監督たち——小津安二郎さんも木下恵介監督も、その後の大島渚、吉田喜重、松竹ヌーベルバーグを支える人たち、それから今も現役の山田洋次監督ですね——その監督たちが「すべては家庭を通して描け」という城戸四郎さんの方針によって松竹映画を作って参りました。で、「明るく楽しい松竹映画」というキャッチフレーズのもと、作られていったんですが、その映画の基本中の基本、冒頭ですべての状況を説明して、早く物語の中に観客を引きずり込めという手法が見事にとられているのが、この『地下水道』なわけですね。

　そいてさらに、森崎東監督がなぜこのアンジェイ・ワイダについて、気にして、語られたのかということについて考えてみました。でまあ、技術的に言えばですね、この冒頭のシーン、カットはあまり割っていません。横移動で、すごくヒキの画から丘の上から兵士

たちがだんだんだんだん前に来て、どんな人たちが、この映画に登場してくるんだろうかという紹介から、カットを一切割らずに手前に来て、それをひたすら横移動で追っかけていくわけですね。これで、観客の注意を引いている。こうした技術もさることながら、もう一つ、15本あらためて見て感じたのは、アンジェイ・ワイダ監督の場合、やはり自身の戦争体験が、強烈にやはり彼の映画作家としての精神性を作ったのではないか、ひたすらそれを繰り返し描いている、それが結果としてポーランドの歴史を体現することになっているということではないかということです。

　映画監督というものは、「何を描くか」という、「真っさらな紙の上に何を描いていくか」と考える時に、やはりどうしても自分自身の経験を投影させるということが多いと思います。森崎東という監督の場合、1945年の終戦直後に、お兄さんが旧陸軍の幹部だったらしいんですけれども、終戦の翌日に、九州の浜辺で——筑豊だったかな——切腹して、自刃されたんですね、で、それを弟である森崎さんは、その遺体を見て、そこが自分の映画の原点である、と。なぜ兄は死ななければいけなかったのか、しかも自ら？——ということで、それが結局、森崎さん自身の創作性の、決して消えない一貫した創作性の、まあ根拠というものになっていたんではないかと思います。で、お兄さんが参戦されていた中国の村も訪ねたりしたんだけれども、なぜ兄が死んだのか、その時の兄の気持ちはどうだったのか、それが分からないということが——今はもうたぶん88歳ですね、アンジェイ・ワイダ監督と同世代なのではないかと思いますけれども——そういうところで、かなりご自身の戦争体験とワイダ監督が感じたポーランドでの抑圧の歴史みたいなものが重なり合ったのではないかという思いがいたします。

　続いてもう一つ、アンジェイ・ワイダ監督の特徴として、これはまた技術的なことになりますが、スモークを——煙ですね——多用していらっしゃいますね。あるいはまた、地下をひたすら、決死の地下水道を歩行するバックに燃え盛る火を描いたりして、完全に間接的表現ではあるけれども、多分に外連味を意識した演出をされています。ただ、それがさりげないために、あまり過剰な印象を与えずに、とてもリアリティのある映像に見える。これも非常に学ぶべき点の一つではないかと思っております。

　私の先輩たち——時代は1960年で、私がまだ生まれておりませんが、松竹では、松竹ヌーベルバーグという、ジャン＝リュック・ゴダールやトリュフォーの影響を受けて、伝統的な映画作りに反発した若手監督たち——当時27歳の大島渚監督と吉田喜重、さらに篠田正浩とか、この3人が松竹に助監督として入社して、20代後半でデビューされたわけなんですけれども、1960年に最初の作品を発表したこの2人の映画作家が、多分にアンジェイ・ワイダの影響を受けていると、久山さんによれば、「大変深刻な影響を受けた」ということです。深刻な影響とはどういうことかと言うと、まあ、よく見ると似たような表現がある、たくさん見られるわけですが、当時1960年、やはり大島監督や吉田喜重監督が背景とされていたのが、日本の社会体制で言うと、60年安保、反安保闘争ですね。このあたりに全学連の代表として大島渚監督等は活躍されたのですが、その後松竹に入られまして、それまでの生ぬるい——まあ、彼らは生ぬるいと感じた——それまでの松竹の娯楽映画作り、「明るく楽しい松竹映画」、「青春も明るく楽しく」というのに対して「冗談じゃない！」と、大島渚監督は怒ったわけですね。「青春は明るく楽しいってものじゃない」ということで、怒りを、自分たちの挫折も反安保闘争の挫折も表現した。そういう点で大島渚監督も、吉田喜重監督も似通っているんですけれども、二人の作品はこの後で見ていただきます。さきほど佐藤忠男先生も紹介されました『灰とダイヤモンド』のラストシーンで、マチェクが——ズビグニェフ・ツィブルスキと非常に言いにくい名前の俳優ですが——彼が撃たれて、それから延々と逃げ回って、もがきながら、悶えて、干してあった白いシーツの中に

くるまれ、そのシーツに自分の血が滲むのを見るというような表現をします。

　この死に方、これはたくさんの日本映画によって当時模倣されたそうです。例えば、吉田喜重監督の『ろくでなし』という映画のラストには、『灰とダイヤモンド』のマチェクの死と非常に似通ったところがあります。撃たれた後に、自分の血を見る。それから、さらに穿った見方をすれば、はるか後の 70 年代 80 年代の『太陽にほえろ！』で、ジーパン刑事の松田優作が撃たれて、やはりその撃たれた所を、手にしてですね、「なんじゃこりゃ！」と叫ぶ（笑）。本来、拳銃で撃たれた場合、あんな時間的な余裕はないんですね。すぐ失神します。視力を失って、すぐに失神するものらしいんですが、その源流として、『灰とダイヤモンド』のアンジェイ・ワイダ演出が影響したのか分かりませんが、撃たれた後もあんなに長時間、悶え苦しみながら、生きて、亡くなるというシーンがありますので、ちょっとそのシーンをみましょう。チャプター11 の「暗殺」です。これはラストシーンではなく、反共ゲリラのマチェクがついに党書記を暗殺するシーンで、そのバックに花火があがるんですね。そのシーンをまずはご覧いただきます。

　【映写中のコメント】
　これが党書記ですね。‥‥暗殺しようと、マチェクは脂汗をかきながら待ち構えています。‥‥専門的に言いますと、この人物と建物の捉え方が非常に見事ですね。アップもバックも常に奥行きのある映像が意識されています。階段の模様が影として反射されている、そこに降りてくる足音から導入してゆく演出、これもきわめて意図的な演出です。‥‥影を意図的に使う演出、そして人物の脂汗、さらに緊迫感をテンポのいいカットバックで見せながら、中盤のクライマックスである暗殺のシーンへ誘導していくという、娯楽映画の基本中の基本と言うか、僕らがそう思っているものがすべてここにはあったということですね。‥‥「さあ、殺しに行くぞ」というきっかけではなくて、たまたま酒をすすめられて、それを飲んで、それをきっかけにして外へ出て行く、このあたりも非常に巧妙であるというふうに思います。‥‥そして最後は水面に映る花火で終わります。はい、ありがとうございました。

　今見ていただいた映像は、その後もたくさん日本映画にも、さらに 90 年代のトレンディー・ドラマにも見られるものです。みなさん見る機会があったら探してみて下さい。暗殺シーン、その悲惨なシーンのバックで花火があがる、花火があがって、それを水面に映す――この手法はいろんな監督たちが模倣しているところではないかと思います。

　このように、アンジェイ・ワイダ監督は――もちろん画家であり、作家でもあるんですけれども――映画に関しましては、きわめて腕の立つ職人監督であるというふうに思いました。職人監督というのは、僕が今目指している監督です。

　私は当初は熊井啓監督のような社会派の監督になりたいと言って、社会の暗部をえぐるような、ワイダも含めて、社会派の監督になりたいと思って松竹に入ったんですが、『塀の中の懲りない面々』の後は、なんと『釣りバカ日誌』につきまして、その後はさきほど佐藤先生から武装的共産主義者だったというご紹介のあった勅使河原宏監督の許で助監督をして『利休』、『豪姫』という作品についたり、喜劇や芸術作品、たくさんの作品に助監督として参加できました。その間一様に先輩監督たちの皆さんがおっしゃったのが、「本木、笑わせるのが一番難しいんだ。人を笑わせる作品ができたら、後は何でもできる」ということでした。というわけで喜劇を志し、社会派からは遠い作品を今は作り続けております。

　ワイダ監督は非常に高いテクニックを持っていますし、1950 年代の作品から去年の『ワレサ　連帯の男』まで――その中には、15 本の中で一番僕が衝撃を受けた『カティンの森』

がありますが——鮮やかな演出、古臭さが全くないところが——おそらくご自身の感受性もあるんでしょうけども——その都度その都度一番腕のいいスタッフや職人を使っているだろうし、スタッフワークが非常にいい、巧みなんだろうなというふうに思いますね。

　その観客の意識、見る意識、見られる意識について言うと、これも非常に高い。黒澤明、木下恵介にもたぶんそういう面はあったと思うんですが、それが未だに生き続けている希有な監督なのではないかというふうに思いました。で、まあ、同時にですね、その腕と同時に、映画作りの中で一番大切だと教わってきたのが、やはり衝動、パッションです。なんというのかな、非常に執拗な執着心、「これを描きたい」という、「これを何としても実現したい」というその執着心を、同時にお持ちになっている方なのだと思います。それからいい映像表現をするためには、いろんな才能のある人たちを集める能力もあって、それを動かすスタッフワークもある。これは私の想像ですので、正しいかどうか分かりませんけれども、そういう監督なんだろうなと思います。多彩な作品群を見て、やはりそう思いました。

　ところで、今『灰とダイヤモンド』を見ていただいたんですけれども、今度は同時期、1960年、ほぼ同時期、2年後の6月3日に公開された、先ほど申し上げました大島渚監督の『青春残酷物語』の——私もまだこの世にいないのですけれども——予告編をちょっとご覧いただきます。

【映写】

　はい、ありがとうございます。1960年の作品です。この予告編の中に、アンジェイ・ワイダ監督の『灰とダイヤモンド』に出てくるシーンの影響を受けたのではないかと言われているシーンが二カ所ありまして、桑野みゆきさんが、細かい具体的なシーンで言えば、あのバーですね、場末のバーで灰皿にウィスキーをたらして、それにマッチで火をつけます。それを見た川津祐介さんが「やめろ」と注意するんですけれども、「これはあなたに教わったのよ」と言うシーンに非常に類似したシーンが、アンジェイ・ワイダ監督の『灰とダイヤモンド』にございます。それはお見せする時間がないので、お見せしませんが。

　あとはですね、大きな手法として——これはもう大島渚監督自身が語っているんですけれども——ワイダ監督の特徴として挙げられるのが、状況を伝えるために実際のニュース映像、ドキュメントの映像を多分に映像の中に取り入れてゆくということですね。そういうことをしていいんだと私などは思いました。大島渚監督は——この予告編の映像の中にもありましたけれども——実際の安保反対デモの中に主人公の二人を置いてお芝居させるという、ものすごいことをしました。このあたりだったと思います。青山通りか、どこかこの近くでのデモの中に俳優さんを連れて行って、スタッフも連れて行って撮る。そういうドキュメントと創作を構わず融合していく、この手法を教えてもらったのはワイダさんからである、ワイダさんの映画からであるというようなことをはっきりおっしゃっていますので、やはり多大な影響を与えたんだなと思います。そして、ほぼ同時期を生きていた二人のうちの一人——大島渚監督は亡くなってしまったわけですけれども——ワイダさんは進化を続けているということが、やはり同じ映画監督として、驚異的なことだと感じます。続きまして、同じ1960年7月6日公開の吉田喜重監督の作品『ろくでなし』です。

【映写】

　はい、松竹ヌーベルバーグの2本、当時鮮烈な印象を与えた2本を見ていただきました。

これを今の若い人たちが見るとどうなるかと言うと、そんなに鮮烈な印象を感じないんですね。当時の時代背景があった上での手法であろうということです。ところが、『灰とダイヤモンド』や『地下水道』は今見る人たちにとっても、背景があれだけきちんと冒頭で伝えられていることもあって、非常に新鮮に映る。その違いを僕は感じました。それから演出上で言いますと、大島渚監督や吉田喜重監督たちが描いていたのは、当時の若者たちが自分自身たちに共感しているだけの、何というか、非常に自己中心的な行動なんですね。自己中心的な感情によって行動しているというふうに僕なんかは思うわけです。多分にそこにあるのは、感傷であろうと思われる。センチメンタリズムが二人にはかなりあった。同時代性を出すためにですね。別に先輩たちを否定しようとは思わないんですけれども、これは当時のトレンドであったのではないかなと思います。一方、アンジェイ・ワイダは非常に冷静で、何というか、対象との距離感が非常に正確というか、非常に冷静に描いています。最近作で言うと、お父さんへ捧げられた『カティンの森』です。お父さんも含む1万3千人のポーランド将校がロシアによって虐殺された事件です。その中で、ドイツとロシアという強国の狭間にあって、常に侵略を受けてきた事実、歴史を自分の感情に溺れずに描いている。こういうところが、アンジェイ・ワイダ監督が古びない原因なのではないかというふうに思っております。

　もう12時になってしまいました。15本見させていただいた今、やはりもっと1本、1本、語ってみたいとは思っていたんですけれども、残念ながら時間が足りないようです。先ほども言いましたけれども、アンジェイ・ワイダという監督は、確かに世界的な巨匠である、巨匠ではあるけれども、多分に未だに実験精神を持ち続けている監督ではないかと思いました。見た中で、先ほど『悪霊』と言いましたが、中には万人に伝わらない作品もありました。僕は『悪霊』にはついていけませんでした。字幕をひたすら読んでいたら終わってしまいました。ドストエフスキーの原作ですが、たぶんその前にたくさんの舞台を演出されて、その具体的手法を映画に取り入れた時に、あまり伝わってこないものになるなというふうに思いました。やはりワイダらしい特徴は、ワルシャワ蜂起をはさんで戦前から、1930年あたりから、戦後の第二次世界大戦、それから連帯、その後の抑圧、つまり——自身の経験も含めてですが——ひたすら自由を求めてきた社会の葛藤みたいなものを描く時にあらわれる。そういうものを、アンジェイ・ワイダの作品として、僕は非常に感動を持って見るわけです。

　私が15本見させていただいた中で、思うことは、自分の国がこれだけの苦難に遭った、非常に残虐な行為も受けた、その中で、人間性の危うさみたいなものを感じながら——裏切ったり裏切られたりしてきた、何というか、社会にも裏切られ、人間にも裏切られてきた苦難の歴史というか、そういうものを冷徹な目で描いている。そうした自分の国の歴史や社会というものを、果たして今の日本の映画作家に描けるだろうかと自問しました。やはりワイダのような視点の厳しさというか、乾いた視線、こういうものを持って、もう一度映画に撮る対象と向き合うべきだなというふうに思ったわけです。

　最後に、まだ時間の余裕がございましたら、ちょっと一カ所ですね、『約束の土地』という映画のあるシーンを見たいと思います。アンジェイ・ワイダの——これは技術にかかわることですが——技術的にやはり移動撮影が大好きだという証拠をお見せしたいと思います。ほとんど「移動」で状況を捉えてゆきます。どうぞ、はい！

【映写】

　はい、ありがとうございます。なぜ、ここを見ていただいたかと言いますと、これは非

常に難しい演出なんですね。舞台上でバレエが行われていて、その観客のリアクションを拾ってゆくんですけれども、おそらく、これはまともにやると10日間くらいかかる。関係性を見せていくのに10日間くらいかかるようになっている場所ですけれども、これも見事に演出されていて、台詞で全部説明しないまでも、この男と女性たちの関係というのが伝わってくるあたり、非常に娯楽性の高い演出だなと思います。ちなみに、今見ていただいたのよりももうちょっと前のあたり、50分あたりに、移動車のレールがバレているカットがあります。これはもうワイダの名誉のためにもお見せしませんけれども（笑）、とにかく移動、移動です。移動して全体を捉えていくショットが大変好きだったんだなというふうに思いました。

　それから付け加えて言いますと、ドキュメント映像の中に、自分が作った映像を混入させながら、今演出した映像も当時の質感に合わせて画面を荒らしたりする、この手法は『フォレスト・ガンプ』という映画でも多分に使われていますので、今度見たときは「これはワイダのまねだ」と思っていただければ、もっと面白く見ていただけると思います。

　短い時間でしたが、私が15本見た作品について、その中から二、三取り上げて、お話させていただきました。どうもありがとうございました。

（録音起こし担当：四元明日香）

（上記テクストは、NPOフォーラム・ポーランド組織委員会の責任で整えたものです。漢字や仮名遣いなども含め、文章の最終的な形については当委員会に責任があります）

こんにちは、ワイダさん

大竹洋子
(映画コーディネーター、元東京国際女性映画祭ディレクター)

　大竹洋子でございます。「こんにちは、ワイダさん」という題名をつけました。私は案外、この題が気に入っているのですが。どうして「こんにちは、ワイダさん」とつけたのかは、追々わかっていただけるかと思います。以前私は岩波ホールにおりましたので、1980年に『大理石の男』を岩波ホールが上映することになりまして、佐藤先生にもお世話になりましたが、そのときがアンジェイ・ワイダさんの作品を岩波ホールがいわゆる公開上映した最初でございます。『地下水道』とか『灰とダイヤモンド』はもっと前に上映されておりましたが、そのころ岩波ホールの「エキプ・ド・シネマ」運動はまだ始まっておりませんでしたので、1980年の『大理石の男』が最初です。で、1980年夏に、アンジェイ・ワイダさんご夫妻を日本にお呼びしました。そのとき私はポーランド語で「こんにちは、ワイダさん」という言葉を覚えて、これを言おうと一所懸命覚えたのですが、もうそんなことを言うような、余裕がとてもありませんでした。ワイダさんが怖くて怖くて。今、私はワイダさんととても親しくて、親戚のお兄さまみたいな感じなんですけれども、全体的にワイダさんがまだ日本というものに慣れていらっしゃらなかったですし、そのころのワイダさんは常に反政府の立場でありましたけれど、資本主義社会というものの中へ入ったことがなかったんですね。ですから、やっぱり映画を上映して儲けている会社の人たちだ、っていうような認識があったのではないかと思います。そして集まった新聞記者の方たち、とにかく大変な数の方たちが集まって、さっそく記者会見をいたしましたが、非常に一言一言が鋭かった。でも考えれば、その直後に、グダンスクのレーニン造船所の大ストライキが起きるんですね。その直前のことで、それからずっと激動のポーランドになっていく。そういう時にお呼びして、ちょうど連帯が誕生するころですね。グダンスクを契機に。そのときに、世界中で『大理石の男』を上映していたところは、岩波ホールただひとつだった、ということがあります。
　まず最初に岩波ホールが上映いたしました、ワイダさんの、さっき本木さんが15本、15本とおっしゃってましたけど、15本の映画を上映順にここに出していただきます。
　(スライド)『大理石の男』のスチール写真と、これは、ワイダさんが主演のクリスティナ・ヤンダと、女子学生の役作りをどうしたらいいか、非常にヤンダが悩んでいたときに、ワイダさんがその相談にのっているところです。日本ではこのとき、クリスティナ・ヤンダがジーパンを、しかも昔ラッパズボンと言いましたけれども、そういうのをはいていたんですけれども、アメリカかぶれだと言う人たちがいました。でも聞いてみますとポーランドではもうずっと前から、ジーンズがはやっていたそうです。べつにアメリカかぶれでこの女子学生、クリスティナ・ヤンダがはいたわけではない。この写真、とても私は好きなものですから、これも出してもらいました。
　(スライド)次が『約束の土地』です。『約束の土地』についてはさっき本木さんがいいお話をしてくださいましたけれども、私は実はダニエル・オルブリフスキという人の大フ

ァンで、その右がアンジェイ・セヴェリンです。左側がちょっと切れてますけれども、ヴォイチェフ・プショニャクですね。この三人は、ワイダさんお気に入りの俳優たちです。アンジェイ・セヴェリンは岩波ホールに来たことがあります。プショニャクにはワルシャワでお会いしました。ダニエル・オルブリフスキが岩波ホールを訪ねてきてくれたときの写真は後でお目にかけます。

（スライド）これは『ダントン』です。韓国ではアンジェイ・ワイダさんを知らない人が多くて、どういう人？、聞いたことない、って。あまり知られていないらしくて。そしたら、ドパルドューを世に出した人だって言った人がいたそうです。当たらずと言えど遠からずだなっていう感じがいたします。

（スライド）これが『白樺の林』で、このダニエル・オルブリフスキがとてもすてきなんです。久山さんがスチール写真を選んでくださったんですけれども、必ずダニエル・オルブリフスキを入れてくれと。この写真は弟の方なんですね。ですけれども、必ずダニエルを入れてとお願いしました。

（スライド）『愛の記録』です。これは、ワイダさんがポーランドで映画づくりができなくなって、外国で『ドイツの恋』などをつくったりしていたのですけれども、しかも監督協会の会長を追われたり、自分の製作者集団「イクス」を解散させられたり、非常につらい時期に、やっぱりポーランドに帰ってきて、最初につくった映画ですね。これは舞台がリトアニアです。戦前の、ポーランド領であったころのリトアニア。ワイダさんはスヴァウキというところで生まれてらっしゃって、ここはリトアニアのほんの近くです。自分の青春時代を描いた映画だと思います。

（スライド）これは『悪霊』です。みなさんご存知ですね。ただ、このときに『ナスターシャ』という芝居を松竹が坂東玉三郎主演でいたしました。『ナスターシャ』に関しましても、私ども、私どもとつい言ってしまうのですが、高野さんと私はずっと関わりましたけれども、舞台自体とは関係がありません。ただ松竹から、『ナスターシャ』の舞台をやるときに映画の『悪霊』も上映してくれないか、ってお頼まれしたんですね。『悪霊』はもっと半年ぐらい後で上映する予定だったのですが、急遽早めまして、演劇のワイダさん、映画のワイダさん、というワイダさんの両面が一緒にわかるように、そういう風に上映いたしました。

（スライド）『コルチャック先生』ですね。私、この最後のシーンを見ると、今でも涙が出て仕方がないのですが、ワルシャワにあるユダヤ人墓地に行きますと、コルチャックの後ろ姿の上着のすそを子どもたちがしっかりつかんでいる、そういう銅像が立っています。この銅像をモチーフにして、このシーンは撮られたのではないかと思います。この少女は映画の中では、いわゆるユダヤ系の顔ではなくアーリア系の顔だからと言って、ユダヤ人孤児の中からこの子だけ、ポーランド人の手に渡って難を逃れたというあの少女です。私はこの少女役を演じた女の子にも会ったことがあります。もうだいぶ大きくなってましたけれども。「コルチャック」という原題に、「先生」をつけたのは実は私で、映画の中で子どもたちが呼びかけているときに、いかにも「先生、先生！」って言っている感じがしたものですから、『コルチャック先生』と名付けました。

（スライド）これは『婚礼』です。『婚礼』の舞台はクラクフです。『婚礼』というのはちょっと難しい映画で、上映する側も難しかったんですけれど、ワイダさんの作品の中でこれが最高だ、という方は、プロの映画人にたくさんいらっしゃいます。アメリカのエリア・カザン監督もその一人です。この『婚礼』で初めて、知識人と労働者がやや近づくんですけれども結局そのままになってしまって、その後、労働者と知識人がいっしょになって、活動した、というか共に闘うのは、『大理石の男』の後の連帯まで、待たなくてはなら

なかったことになります。これはヴィスピャンスキの原作ですね。私はこの映画にも思い出がありまして、映画の上映準備をしていたころちょうどワイダさんが日本へいらっしゃって、一緒に東北4県を周ったんですけれど、どこでしたか、陶器を作らせてくれる所へ行きました。焼いたお皿の真ん中に私が「婚礼」と漢字で書きまして、ワイダさんに、周りに「アンジェイ・ワイダ」と書いてください、ってお願いしたら、絶対に書かないって言うんですね。ヴィスピャンスキに申し訳ないって。ヴィスピャンスキの大切な「婚礼」に自分の名前を同じところに入れるなんて絶対できないと言って、ついに書いてくださいませんでした。このお皿はたぶん岩波ホールにあると思います。

（スライド）『鷲の指輪』です。これは、『灰とダイヤモンド』をおつくりになったワイダさんが、あのときは検閲で十分に言えなかったこと、それを描き直した映画で、「もう一つの灰とダイヤモンド」と言われています。ポーランドの国旗は鷲が王冠をかぶっていますね。ですけれども、共産党時代に、人民共和国時代に、鷲を削り落とす、そういうシーンも出てきます。ヤルタ会談でポーランドが西側に入れるかと思ったら、ソ連側に組み込まれてしまって、大勢の人たちが非常に落胆するし、ただ落胆だけではなくて国内軍の兵士たちはシベリアに送られるんです。そういう中で孤立し無益な死を遂げた青年の話で、私はこの映画が大好きです。主役が大変美しい青年で、ラファウ・クルリコフスキという人なんですが、ワイダさんが「きれいだろ、きれいだろう？」と言ってましたね。この人は、公開はできませんでしたけれども、『Zemsta（仕返し）』という映画の主役もやっています。

（スライド）これは『聖週間』です。プショニャクさんはユダヤ系の方ですけれども、本当にこの映画も素晴らしい映画でしたね。これは、ポーランド人がユダヤ人に対して何をしたか、ということを問いかけている作品で、ワイダさんは、ドイツ人がユダヤ人に対して何をしたか、ということはもちろん糾弾しているわけですけれども、心の中では、じゃあポーランド人がユダヤ人に対して何をしたか、ということに大変こだわっていらっしゃいます。

（スライド）『ヴィルコの娘たち』、これも主役はダニエル・オルブリフスキです。こちらが、クリスティナ・ザフファトヴィチさん、ワイダ夫人です。とても美しい方ですが、舞台芸術家で女優さんでもあります。ワイダさんの映画にときどき、たとえば『大理石の男』で、クリスティナ・ヤンダが追求する煉瓦工、ビルクートの奥さん役は彼女でした。スキーの選手だったそうで、とても身のこなしがやわらかで速いですし、ワイダさんの三人目か四人目かの妻なのですが、私は、この方がいらっしゃったからこそワイダさんはここまで来た、という風に堅く信じております。私はこの方のことは本当にお姉さまのように思っております。この『ヴィルコの娘たち』、先程、佐藤先生が浮世絵を差し上げたときワイダさんが馬を選んだ、とお話していらっしゃいましたが、私もそういうことがありました。ワイダさんは葛飾北斎が大好きですから、北斎を選んでらっしゃったときに、「すみませんが、オルブリフスキさんにも一枚持っていっていただけますか」って頼みまして、『白樺の林』が素晴らしかったので、白樺の美しい版画にしようかと思いましたら、ワイダさんが言下に「ダニエルは女だ」と、こう言いまして、結局歌麿を選ぶ、ということになりました。これは東京国際女性映画祭でも実は上映いたしました。と申しますのは、男性監督の映画ですけれども、これはやはり女性を描いた映画ですので、女性映画祭にふさわしいだろうと思ったのと、その年、フランスの女優クリスティーヌ・パスカルが監督した作品『小さな王子さまが言った』が出品されましたが、パスカルが『ヴィルコの娘たち』の主役だったので、パスカルのためにこの映画を選んで上映しております。

（スライド）『パン・タデウシュ物語』です。私はこの映画に一番関わっているんじゃな

いかと思うんですが。ワイダさんが準備していらっしゃったころから、クラクフにずっとおりましたので。たとえばこのゾーシャという女性、国民的ヒロインですね。ポーランドじゅうの女の人が、若い人も年寄りも、ゾーシャは自分だ、と思っているところが私はすごく面白いと思ったんです。彼女は一般公募で選ばれました。そのときの公募の様子もテレビでずっと中継したくらい評判の、ゾーシャはポーランド人にとって本当に大切なヒロインなんですね。ジェブロフスキという若い俳優が、パン・タデウシュになりました。もちろんご存知だと思いますが、「パン」というのは「ミスター」ということですから、タデウシュくん、というような、若いタデウシュですから、でも「パン・タデウシュ」だけではちょっとわかりにくいかということで、後ろに「物語」をつけました。

　（スライド）これがいよいよ『カティンの森』です。『カティンの森』は、お父さまがカティンで殺されて、そのことをワイダさんは、『地下水道』の上映でパリに行ったときに、お聞きになったそうです。ワイダさんはずっとお母さまと弟さんと三人で、お父さまの帰りをいつまでも待っていらした、それがクラクフだったんですね。これはみなさん、まだよく覚えてらっしゃる映画だと思います。

　（スライド）これは『菖蒲』です。これはクリスティナ・ヤンダです。どうして『菖蒲』をつくるんですか、と。私はそのころまたクラクフにおりました。ワイダさんが『Tatarak』という映画をつくるんだ、というので、「Tatarakってなんですか」と訊いてもわからなくて、ワイダさんも何て説明したらいいかわからなくて、「水辺に生えてるんだ」「葦ですか」「葦じゃない」「ズブロッカに入ってるあれですか」「全然違う」って。結局、菖蒲だということがわかったんですけれども、花が咲く菖蒲ではなくて、葉っぱの、五月五日のお節句で男の子が日本では頭に巻いたりしますね。あの菖蒲です。どうしてですか、と申しましたら、クリスティナ・ヤンダが今非常にいい女優になったから、ヤンダのために映画をつくりたい、と。ヤンダは実はその少し前、夫を失っていました。大変有名なカメラマンなんですけれども、その夫エドワルト・クウォシンスキと、ダニエル・オルブリフスキが大変仲がよくて。ワイダさんは2000年にアメリカのアカデミー賞の特別名誉賞をおもらいになりましたけれども、そのときも、高野さんと私はポーランドにまいりました。ワイダさんがワルシャワの芸術アカデミーの名誉博士号をおもらいになるのを、そこに同席させていただいたんです。クリスティナ・ヤンダが私の後ろの席にいました。ですからダニエルももしかしたらいるかと思って、きょろきょろとしたのですが、いないのですね。そうしましたら、その日の出席者の名前を読み上げたときに、ダニエル・オルブリフスキ、エドワルト・クウォシンスキって呼んだときに、ヤンダが「私の夫とダニエルは馬から落ちて入院しています」と言っていました。ダニエルは馬術の名人ですけれども、どうして落ちたのか知りません。おかげで私は会えませんでした。はい、それで、本当にこのクリスティナ・ヤンダはすばらしいと思います。

　（スライド）そしてこれが、ついこの前上映いたしました『ワレサ　連帯の男』です。このワレサという人物がなかなか面白い人で、私もお話ししたことがありますけれども、毀誉褒貶のある人だと私は思うんですね。でもあの人がいなかったらやっぱり連帯というものは生まれず、連帯がなかったら今のポーランドはなかったということを、ワイダさんはくりかえし言ってらっしゃいます。とてもワレサさんに感謝しています。ワレサさんがいなかったら、そして1989年6月4日の勝利の日がなかったら、「Manggha」博物館は建たなかった。「Manggha」博物館は日本人の多くの募金によって、JR東労組の方たちもたくさんくださいました、きっとここにいらっしゃる方たちからもご寄付いただいたかと思います。のべ13万人以上の人々が寄付をしてくださいました。そのお金で建てた、「クラクフ日本美術技術センター"Manggha"」というのが最初の名前です。この「Manggha」について

は後で説明します。今センターは、博物館、と名前を変えました。と言いますのは、クラクフ国立博物館の中に、日本の美術品が収蔵されていたんですね。眠ったままになっていたんですね。ですから、「Manggha」ができましたときも、国立博物館に予算がいって、そこから予算がこちらにも来る、という具合だったんですが、今は中央の文化遺産省直属の施設になりましたので、それでずいぶん「Manggha」の経営がやりやすくなったのではないかと思います。

このワレサの映画のところで私はみなさまにご紹介したいことがあります。今ここに来ていらっしゃる春日いづみさんは歌人です。歌人で、岩波ホールでずっとシナリオ採録の仕事をしてきた人なんですけれども、私の後輩で、学校も後輩ですし、岩波ホールでも後輩です。この春日さんが『ワレサ 連帯の男』を見て、20首短歌をつくって、雑誌に発表しました。そのうちの10首をこれからお目にかけます。春日いづみさんです、どうぞ。久山さんが写真をつけて画面をつくってくださいました。

(春日) それでは10首、短歌を詠ませていただきます。

　　　　ワレサ描くは他にあらずとメガホンを取りたりワイダ八十八歳

　　　　労働者の擁護を語るワレサの辺肩いからせてパンを切る妻

　　　　塗装工の貧しき家に聖母の絵飾られてをりそこのみ明るし

　　　　息詰まるワレサに聖霊降りしごとストの最中のミサ発案す

　　　　主の祈りとなふる声の一致して偵察機飛ぶ空に響けり

　　　　留置場に赤子もろとも逮捕さる女性警官自が乳を与ふ

　　　　軟禁の部屋にラジオを改造の手は電気工ワレサの手なり

　　　　戒厳令の夜の静けさ満つる中連れ去られゆくレフ・ワレサの足

　　　　連帯を支ふる妻のスピーチの声は堂々すずやかにして

　　　　試写室に小さき連帯生れしかな席立つわれらに目力の湧く

どうもありがとうございました。春日さんは今、中堅の歌人として大変活躍してらっしゃいます。お母さまもおじいさまも歌人です。カトリックの信者ですので、やはりポーランドのこういう感じをうまくとらえてくださったと思います。このことは、先日クラクフにまいりましたとき、ワイダさんにお話ししました。あとでお送りしますからと申しましたら、大変喜んでらっしゃいました。『ワレサ 連帯の男』の大変よい批評がフランスで出たそうで、ものすごく嬉しかったとワイダさんは話していらっしゃいました。

それではここからはもう少しくだけたお話をいたします。今までの佐藤先生や本木さんのようなためになる話ではなく、こぼれ話という感じのおしゃべりをこれからいたします。
　（スライド）これはワイダさんが一番気取っているころの写真で、ワイダさんはこれが気にいっていらっしゃるらしくて、よくこの写真を目にします。
　（スライド〔写真1〕）これがレーニン造船所の、ちょうど9月ごろのワイダさん夫妻です。このころ高野さんはワイダさんに招待されて、ストライキ中のレーニン造船所へ案内していただきました。連帯が生まれる現場には立ち会えなかったけれども、この写真は高野さんが撮ってきたものです。

　（スライド）これは『大理石の男』が日本の文化庁芸術大賞を受けたときの賞です。お願いしてつくっていただいたレプリカをワルシャワのワイダさんのお宅にお届けしました。ちょうど朝日新聞の方がポーランドにいらっしゃるというので、持って行っていただきました。ここはワイダさんのお家です。クリスティナさんもワイダさんもまだお若いですね。1981年のことだと思います。
　（スライド）ダニエル・オルブリフスキが『愛と哀しみのボレロ』という映画のキャンペーンで日本に来たときです。彼は非常にフランスで人気がありまして、アヌーク・エーメがこのとき追いかけてきたんです。それでロレックスの時計をもらってしまって、俳優になるといいことあるな、なんて言っていたそうです。左端は高野さんです。あとは岩波ホールのスタッフです。私はこのとき入院しておりました。1981年のことです。私は「Solidarność」のバッチつけてますよね。このときダニエルが持ってきてくれたんです。大竹さんをどうしようか、と高野さんと岩波ホールの人達はだいぶ考えたらしいんですが、私はそのころリハビリで、何しろ45歳で心筋梗塞になってしまったものですから、非常にめずらしい、というのでお医者がなかなか退院させてくれませんでした。そのあとリハビリのために別の病院に移ってまたかなりの時間、全部で6カ月くらい入院していたのですが、その病院に電話がかかってきまして、「ダニエルが来るからあなたも来なさい」って。で、そのあとの話がおかしいんですが、高野さんが「これで大竹さんが何ともなかったら病気は治ったんだし、もしショックで死んだらそれも光栄でいいことだ」と言ったそうです。無事に私は今生きております。
　（スライド〔写真2〕）これはそのときのツーショットで、私の嬉しそうな顔、見てください。私はそのとき46歳でしたけれども、長い入院のせいで少し若く見えるらしく、ダニエルは私をまだ若い女の子だと思ったらしいんですね。これは私の最も大切な写真です。いいでしょう。
　（スライド〔写真3〕）これはワイダさんが京都賞をお取りになったときの、正式な写真です。1987年に稲盛財団による京都賞をお受

けになりました。審査員の一人だった高野さんが頑張って京都賞がいただけたんですが、そのときの審査員に佐藤先生もいらっしゃいましたよね。大変高野さんが頑張って、夜通しみなさんを説得していかにワイダさんが素晴らしいかということを話して、ワイダさんがいただけるようになったんですね。競争相手はフェリーニだったと聞いております。それでワイダさんがおもらいになったんですが、高野さんは肝心なときに病気になる、という悪い癖がありまして、このときも授賞式はかろうじて行けましたけれども、物を食べると頬の辺りがふくれてくるという、高野さん一流の言い方ですと「こぶとりばあさんのようになる」んですけれども、そういう奇病にかかってしまいまして、あまりいろいろなところへ出られなくなりました。これはワイダさんが記念講演をしたあとなんですが、稲盛財団の人が、大竹さんがよく頑張ったから大竹さんに花を出させてあげましょうということで、私が光栄にもワイダさんに花束をお渡しました。そのときの写真です。これも大切な写真です。

　（スライド）これはいよいよ「Manggha」を建てることになって、地鎮祭の写真です。私は撮った方にいるものですから入っておりませんが、真ん中に神主さんがいますね。JR東日本労働組合が日本から神主さんを連れていってくれたんです。で、ここには映っていませんが、カトリックの大司教もいらっしゃるんです。この両方の、日本とポーランドの神様に仕える、神主さんと大司教さまがこの地鎮祭に立ち会ってくださいました。設計者の磯崎新さんが右から二人目にいらっしゃいます。

　（スライド）「Manggha」の模型図の前で高野さんと磯崎さんとワイダさんが談笑しているところです。

　（スライド）これが、フェリックス・ヤシェンスキという人です。ポーランドの富豪で、20世紀初頭にパリで、ジャポニズムというものが席巻しましたね。そのときパリに行って、有り金はたいて日本の美術品をお買いになった。そのとき八千点以上買ったそうです。それを展示する場所もつくりたかったけれども、お金を使い果たしてしまって、つくることができなくて、それで先程お話ししましたクラクフの国立博物館に、全部寄付なさいました。国立博物館には沢山の美術品があるものですから、東洋美術の専門家もいらっしゃいますけれども、ずっと、いわゆる死蔵されたままになっていたんですね。それを、1944年、ナチス・ドイツがクラクフに司令部をおいてポーランドを占領していた時代に、「友好国日本の美術品」という名前で展覧会をしたんですね。この「友好国」っていうのがすごいですね。ドイツの友好国、ということで展示をしました。その浮世絵を、18歳のワイダさんが見て、芸術家の道が拓けたというのですから、それがどれくらい大きな衝撃を18歳の青年に与えたかということは、本当に想像するに難くありません。

　（スライド）できあがった「Manggha」全体の俯瞰図です。

　（スライド）これは、向こう側に見えるのが「Manggha」で、こちらがヴィスワ河です。ヴィスワ河は南から北へずっと、ポーランド全土を流れている河ですが、こちら側にヴァヴェル城という有名なお城があります。ヴァヴェル城を背中に、「Manggha」を写したところです。私が写しました。

(スライド)これはいよいよ「Manggha」が開館した1994年11月30日です。その日の高野さんのごあいさつ姿です。そのときに関係者として出席したポーランド人と日本人、私はちょうど真ん中にいるんですけれども、両脇にワイダさん夫婦がいらっしゃいます。あとは秋山ちえ子さん、磯崎さん、先日亡くなった磯崎夫人である宮脇愛子さん、それから三井物産の八尋さん、右から四番目が、JR東労組の松崎委員長です。「鬼の松崎」と言われていた方です。

(スライド)これからワイダ家をご紹介します。これはワルシャワのワイダ家です。私がワイダ家の犬にからかわれているところで、この犬はワイダさんみたいに、ちょっと気取っています。

(スライド)ワイダさんのディレクターズ・チェアです。庭の物置にあったのを引っぱりだしてきて撮りました。

(スライド〔写真4〕)ワイダさんの家の応接間です。ここに飾ってある絵はクリスティナさんが12歳のときの油絵で、ワイダさんはこれがとても大切なんですね。

(スライド)これはワイダさんの弟さんです。お兄さんみたいに見えますけれども、弟さんです。このふたりはとても仲が良くて、弟さんも元気で、クラクフで学校の先生をしてらっしゃいます。

(スライド)このワイダさんが、私はとても好きなんですね。ワイダさんは、写真を撮ろうと思ってカメラを向けると、すぐにこっちを向いて笑ってしまうんです。昔、怖かったワイダさんとは、うそのように。ですからこれは自然な写真が撮りたいと思って、うまく撮れた一枚です。

(スライド)これは高野さんが、「Manggha」で……。先程「Manggha」について言い忘れましたが、フェリックス・ヤシェンスキさんは北斎が一番好きで、「北斎漫画」というのがありますね、「北斎漫画」の「漫画」を自分の雅号にしていたんです。その雅号を取って、フェリックス・ヤシェンスキの美術館ですから、「Manggha」という名前がついています。で、これは高野さんがお得意の韓国舞踊を「Manggha」で踊った時のポスターで、クラクフの町じゅうに貼ってあって、飛行場に降りたらあっちにもこっちにも貼ってあって、高野さんが仰天した、という一枚です。

(スライド〔写真5〕)次は、高野さんはこのときクラクフで71歳になりました。そのとき私が撮った写真なんですが、大変残念なことに高野さんは、これがポーランドへ行った最後になりました。2000年のことです。2012年2月9日に亡くなりましたので、そのときからそんなにすぐ亡くなったわけではないのですが、この頃から徐々に体の具合が悪くなっていきました。

(スライド〔写真6〕)これもどうしてもみなさんにお目にかけたい写真です。やはりクラクフなのですが、ワイダさんが真ん中にいて、クリスティナさんも、それから当時の日本大使だった小野

さん、小野夫人、Manggha館長のボグナさんなどが写っています。このとき黒澤明監督の『静かなる決闘』がクラクフで上映されました。それをみんなで見に行きました。終わってちょうど映画館から出てきたところなんですが、このときクリスティナさんがワイダさんの胸ぐらをつかんで、「アンジェイ！もっとああいういい映画つくらなきゃだめじゃないの！」と言ったんですね。もうそれがおかしくておかしくて、みんなで大笑いしました。私はこの写真が大好きです。

（スライド）これは2004年の「Manggha」創立10周年のときのご夫妻です。

（スライド）これもちょっと説明します。先程のはワイダさんのワルシャワのお家ですが、これはクラクフのお家です。ワイダさんが持っている写真が誰の写真かと言いますと、これは韓国の俳優イ・ビョンホンの写真なんです。私がイ・ビョンホンのファンだったということもありましたけれど、『灰とダイヤモンド』のツィブルスキのような役ができる人だと思ったんですね。とてもハンサムな写真、サングラスをかけている写真、少年のように笑っている写真を、三枚持っていきまして、ワイダさんに見せたんです。そうしたらワイダさんが、「Bardzo piękny!」と、「非常に美しい！」と言ったんですね。自分の映画に出すからすぐに電話をかけろ、と言ったんです。でも私はクラクフからどうやって韓国に電話をかけたらいいかわからないし、仕方がないので、東京にいる在日の友人に電話をかけて、「とにかくすぐイ・ビョンホンを探して」って言ったんですけど、このときだめだなあと思ったのは、周りを取り巻いている人たちが誰もワイダが誰かわからなかったんですね。それで、イ・ビョンホンまでたぶん伝わらなかったのかもしれません。今イ・ビョンホンはときどきハリウッドの映画に出ていますけれど、このときにね、ワイダさんの映画に出ていたら、世界的な俳優になれたのに、と私は残念で仕方がありません。

（スライド）これはワレサさんとワレサ夫人と私のスリーショットです。映画では、アグニェシュカ・グロホフスカという素敵な女優が妻の役をやりましたけれど、本物の妻も大変素敵な女性でした。ワレサさんが造船所で工員として働いているとき、彼女は花屋

さんだったそうです。このときに、ワレサさんが私に、これは創立15周年のときですけど、「どうして日本ではワイダばっかり有名なんだ？」ってお訊きになるんですね。ですから私は「ワレサさんも有名ですよ」って言ったんですけど、「でもやっぱりワイダの方だろう」って、何度も言ってらっしゃいました。

（スライド）これは今年です。今年、ワレサさんは五年前よりこのように太って、でも妻の方は相変わらず素敵で、私を覚えていてくださいました。

（スライド〔写真7〕）ワイダさんが日本人のために特別につくった、ご挨拶状です。「*50年前、1958年10月3日午後七時にワルシャワのモスクワ映画館において、私の映画『灰とダイヤモンド』の初上映会が行われたことを、ポーランド映画愛好家のみなさんに心よりお知らせ*

いたします」という日本語のお手紙が届きました。二つ折りになっていて、中がこの文章です。
　（スライド〔写真8〕）「Manggha」博物館の庭にはお茶室があります。このお茶室は本当に粗末なお茶室で、日本から障子紙を送ったりして、みんなで手作りみたいにしてつくったお茶室ですけれども、ここでお茶のお稽古をポーランド人がしています。山口悦子さんという、現在は90歳近いとても素晴らしいお茶の先生が、15年ぐらい前からボランティアで毎年のようにクラクフに通っては、ポーランド人に茶道を教えていらっしゃいます。ちゃんとしたお茶室ではないのですけれども、茶道に必要なのはお茶の精神であってお茶室ではない、というのが山口先生のお考えで、私は本当にその通りだと思っております。
　（スライド）これも私の大切な写真です。私が誰かを撮っているところをワイダさんが撮ってくださった写真で、この日は先程の高野さんが韓国舞踊を踊った日です。

　以上が私の、プライベートなおしゃべりです。みなさんが立派なワイダ論を繰り広げる中で、私はワイダさんがどういう方か、ということをお知らせしたくて、こういうものにしてみました。20周年の「Manggha」の祝賀会から10日前に帰って来たばかりです。あ、ちょっと岩波律子さん、立ってください。岩波律子さんは高野さんの姪にあたります、岩波ホールの支配人です。岩波さんは今回初めてクラクフに行きました。私は、年をとりました。もうポーランドにはしょっちゅうは行けないかと思いますので、このあとは律子さんが引き継いでくれると思って、安心しております。
　どうも長い間失礼いたしました、ありがとうございました。
(録音起こし担当：久堀由衣)

TV『ナスターシャ・夢の舞台』(1989)

千葉茂樹
（映画監督）

みなさんこんにちは。千葉でございます。
　これからテレビ東京で私が25周年の周年記念の番組として作った番組があり、それをみなさんに見ていただくのですが、どういういきさつで私が12チャンネル（注：東京12チャンネル、現テレビ東京）に登場したのかということを2~3分お話して、それから番組を観て頂くというのが良いと思います。
　12チャンネルとは創立以来の名前で、後でテレビ東京に名前が変わったのです。私の最後の学校は日大の映画学科というところで、そこで私は同級生が一人いて、その同級生は私と同じように大映撮影所で特殊撮影をしたこともあるのですが、その後彼はテレビ東京のディレクターになっていました。そのおかげで、彼が私をテレビ局に引っ張ってくれた。私は、近代映画協会（代表・新藤兼人）という大変貧しいプロダクションで仕事をしていましたが、やはり彼は知っていたのですね、独立プロダクションでやるのは大変だろうということを。それでテレビ局で構成を手伝ったらどうか、ということになり、私を割と早い時期から、テレビ東京の番組の構成作家という形で使ってくれた訳です。最近私と彼でこんな本を出したので、お持ちしました。中央公論社から出た、『映像遍歴』という本です。若井田久と千葉茂樹という二人、つまり片方はテレビ局、片方は映画でやってきた、その二人の話がここに書いてあります。
　テレビ東京の代表番組というのは『人に歴史あり』で——この中でご存知の方がいらっしゃるか分かりませんが——その番組を私は7年間ほどレギュラーで構成をやりました。その傍ら、『世界にかける橋』という外務省の番組の構成もやり、私はそのおかげで、初めての海外取材をやったのです。そんな経歴があったため、テレビ東京として創立25周年記念番組をやるので、それの構成をやってくれないか、という話になりました。（『世界にかける橋』の）渡し手は映画監督アンジェイ・ワイダだというので、びっくりしてぜひ私にやらせてくれと名乗り出て、アンジェイ・ワイダの作品をやたらに観始めました。この番組中の話はみなさんの手元に資料としてありますので、開いておいてください。『シナリオ』という月刊雑誌があるのですが、1989年の3月にテレビ局として番組を作って放送するということになったので、私も、その中からアンジェイ・ワイダの作品をやたらに調べ始めました。そしてどういう風にやろうかという話になり、テレビ局としては、この番組を作る前に直接ワルシャワに行ってアンジェイ・ワイダの近況を取材したいということで、ディレクターが1人（ポーランドに）飛んだのです。そしてそれを私たちは待っていたのですが、結果的にはアンジェイ・ワイダ監督は「私と日本との関係は、日本に私が行ってからの取材をOKしているんだ。だから、ワルシャワまで来て、仕事を邪魔されては困る」と断ったのです。やはり、さすがそういう監督だなと思って、私は緊張して待っていました。
　そういうことで、89年1月に奥様とアンジェイ・ワイダが日本にやってきた。私たちはそれをお迎えし、これから2月の間の一ヶ月間、『ナスターシャ』という番組を作るのだと

いうことになりまして、タイトルは『ナスターシャ・夢の舞台』というものです。実際に番組を作った時には、『玉三郎、新たなる挑戦』というタイトルで視聴率を稼ごうという下心があったため、そんなタイトルも出ました。いずれにしてもこういう形で私たちは一ヶ月間取材をし、それを通じてアンジェイ・ワイダの作品の演出というものを、私の考えるアンジェイ・ワイダを追いかけよう、ということをやりました。こんないきさつで、アンジェイ・ワイダという人と、奥様、それからスタッフのみなさんと、一緒になって作りました。それを観ていただいて、それから裏話をやってみたいと思います。

【番組上映】

　最初にお話ししたように、テレビのために作っていますので、ここに少しずつCMが入っています。そのCMの部分を除いたので、逆に見やすくなっているのか、飛んでしまって分からなくなっているのか、そういう欠点もあると思います。
　最初のご挨拶の時に、久山先生から、このアンジェイ・ワイダを考える際、映画監督のアンジェイ・ワイダというのはもちろんですが、もうひとつはヨーロッパでは舞台の演出家として大変評価されている、というお話がありました。その視点で言うと、この日本で舞台演出をやってくれたということは、私にとっても皆さんにとっても、貴重な体験だったと思います。このなかで、『ナスターシャ』をベニサン・ピットで観ましたよ、という人がいらしたら、手を挙げてください。やはりいますね、ありがとうございます。私は一ヶ月ちょっとの間、ワイダさんにお付き合いしながら、色んな面を見ましたが、最初にポーランド大使がおっしゃっていたように、ワイダ監督には社会的な問題を取り組んでいく側面と、もうひとつは少し情緒的というか、非常に心理描写をしよう、という面もある、私にはそういう風に聞こえたのですが、多分その両面を舞台の中でも行っていると思います。私の資料を見ながら解説をしたいと思います。この資料、たった二枚ですが、後で皆さんゆっくり読んでいただきたいと思います。このテレビの番組の中に、4つの項目を私は構成作家として考えていました。一つはやはり、「期待と不安」というふうに書いていますが、その「期待と不安」というのはワイダ監督が来日する一か月前、さっきお話ししたように事前にポーランドまで行って本人を取材しようと思っていたことですが、それは見事にワイダ監督から断られました。「テレビに対する協力は日本に着いてからの契約である。だから私の取材は日本で行いたい」ということを言ってこられた。それで、もうひとつ私はこの中で、「ワイダ監督とドストエフスキー」が非常に大事なテーマだ、と思い、それを第2のハコにしました。ワイダ監督が、どうしてドストエフスキーにこだわるのだろう、ということを、再三取材しながら考えていましたが、こんな風に言っています。63ページの3行目から――「『私がドストエフスキーに執着するのは、彼こそ現代の予言者だからです』」という風に（ワイダは）言っているわけです。予言者というのは何かと言うと、「ワイダはことあるごとに語りつづけた。ドストエフスキーほど、人間の魂にひそむ暗い部分を見つめ続け、執拗に描きつづけた作家はいないという。ワイダは、人間の魂――とくに悪の要素、暗い魂の心理をドストエフスキー作品をとりあげることで、ほりさげたいというのであった。」ドストエフスキーといえば、黒澤明監督の作品で『白痴』というのがありますが、私は『白痴』を観そこなっているので、大急ぎで私の書棚を探すと、こういう資料が見つかりました。「キネマ旬報」は月に2回出ていたのですが、「キネマ旬報」の中に『『白痴』前編・後編」というのがあるのです。私はこれを読みながら、黒澤さんがワイダ監督からどんな影響を受けたのか、ということも考えたのですが、そのことは、ここにもうひとつ書いてあります。「パート③『ワイダの演出』――二月、一ヶ月間かけて舞台稽古が行

われた。『ナスターシャ』はご存じの通り『白痴』終章をとりあげて脚色した大胆な舞台である。一人の女を恋している二人の男が、彼女の死体の傍で数時間を過す。その脚色の見事さには、黒澤明監督も称賛していた程である。」黒澤監督は、やはりこのワイダ監督の『ナスターシャ』に非常に関心を持って、自身が『白痴』を作った時の色んな文章を読むと、決して上手くいかなかったこともあり、ワイダのアイディアはやはり凄いな、と評価したんだと思います。

同じ行にあります「『ワイダさんの演出は、ラテン系の演出家とは全く違って、決して派手な演出ぶりではありません。灰とダイヤモンド、あの題名の人にふさわしく、硬質なものをうちに秘めて、緻密に劇をくみたてていくようです。』これは玉三郎の証言の一部です。ワイダ演出を俳優さんがどうみたか、ということの参考になると思います。それから、次の64ページに、『美しく輝かせることが最も重要だからです』」と書いていますが、その後に「稽古の後半で、我われのテレビ取材がしめ出しに会った。五日間にわたって、二人の俳優とワイダ監督と通訳の四人だけ。そこで何が起こったのだろう。五日後、俳優たちの芝居は見違えるように変わっていった。」これは、どう変身したかというと、いとを切ると同時に、俳優さんはその人になりきっていく、心理的にもそういうことが私達には見えたということで、五日間全部しめ出していて何が起こったのだろう、ということには大変興味がありましたが、まさにこの映像に残ったような成果が行われたということです。

それから4つ目のハコとしては、ワイダ監督の「ポーランド市民として」ということをハコにしました。「日本に滞在中のワイダ夫妻は、『ナスターシャ』だけにひたりきってはいなかった。そこには巾広く動き回る文化人の姿があった。」と書いています。次の段には、「『私の国は今、連帯の復活なしには重大なことは何も始まらないのです』と。本来ならば、この重大な時祖国にいるべき人物なのだ。『私の創作活動は、二つのカテゴリーに分けられると思います。ひとつは政治的な映画、もうひとつは抒情的あるいは心理的な映画や舞台です。この二つとも私には必要です。もし、この二つのうち片方だけであったら私の今日はなかったかもしれません』」さっきお話ししたように、大使がおっしゃったような側面もこの中に含まれると思います。私はその当時、二カ月の体験をこんなふうにまとめました。

最後にみなさんにお詫びですが、テレビの宿命といいますか、時間の制限があり割愛した所があります。それが最後の64ページの後方に書いてあります。「『私たちは長年の夢を果たすために、日本にやってきました。それを果たした今、私は早く祖国ポーランドに戻らなくてはなりません。当局側との円卓会議も楽観はゆるされないのです。私どもの民主主義を求める要求を達成させることは、まだ容易ではありません。連帯は私たちの支持を必要としているのです』」という訳で、幕が開くと五日目にはもうポーランドに帰っていきました。そんなことで私は、ワイダ監督と直に触れながら、その当時のことをここに書き残したので、これを参考にみなさんにお伝えしたかった。

もうひとつ、今度は私的な裏話で、この映像の中にもありましたが、清澄庭園に行きました。私は深川に住んでいたことがあり、思い出もあるので、ワイダ監督をご案内したのです。大変気に入ってくれたのですが、そこでもスケッチブックを出されて、その時の印象をスケッチで取るのです。ただカメラで撮ることはほとんどありません。そんなことも、非常に、私たちは勉強になったなと思いました。それで私もついでに下手な俳句を書いて、通訳の人に、これ、どう訳してくれますか、あとで上手く渡してくださいと言ったことがあります。その俳句はなんだったのだろうと思い、色々とメモを見ましたが残っていません。残っていたら家宝になったかもしれないですね。そんなこともあって、私はワイダさんの持っている文化人として——泉岳寺の四十七士のお墓に、わざわざ朝早く、命日にそこに行ってみたいというので行きました——私はワイダ監督と出会い、私たちとは違う文

化的・歴史的な側面を持った映画作家だと思いました。私はなかなかそこまでいきません。せめてその憧れの人に会ったということで、私の大きな仕事になりました。どうもありがとうございました。

(録音起こし担当　奥田香澄)

ワイダが描く映画・舞台美術

星埜恵子
（美術監督）

〈はじめに〉
　美術監督の星埜恵子です。素晴らしい映像とお話が続いた後で、ちょっと緊張しております。大竹さんと同じように、ここ何日間かほとんど寝ずに資料探しや整理をしておりました。というのは、昨年アトリエを引っ越し、まだ開けていない段ボールが2〜30箱あり、今回必要なポーランド関係：ポーランドと私の関係も含めて資料はみなその中に入っている物ばかりでした。一昨日段階である程度パワーポイントの用意はできていたのですが、昨夕、会場準備でワイダさんの絵を12枚飾ってみて、より作品を活かすためには黒い布が必要だと考え、帰りがけに自宅近くのアトリエに立ち寄り、夜10時頃まで探していましたら、黒布の下から何と一箱、より重要な資料がごっそりと出てきました。夜中に何十点もスキャンしていましたら、画像整理の時間がなくなってしまいました。私のパソコンのデスクトップから直接操作して話を進めていきますので、こちらの機器操作台から失礼します。過労と舌足らずのせいで、中途半端なお話になるかもしれませんが、貴重な資料もありますので、最後までよろしくお願いいたします。

〈ポーランドと私〉
　まず、プロフィルにありますよう、私は大学の哲学科在学中の1970年に舞台美術家としてスタートしました。高校はバリストやロックアウトをする都立高校でした。その中でもなぜか私は孤独を好み、絵を描いていて、芸大を受けましたが予想通り入れず・・・そんな時に舞台と出会いました。私の最初の仕事は三島由紀夫の『近代能楽集』より『綾の鼓』と『卒塔婆小町』です。『綾の鼓』はワイダさんも手掛けていて、そのスケッチ（1994年）：演劇『MISHIMA』より「綾の鼓」が展示してありますので、後で見ていただきたいと思います。先に申しあげますが、これまで私は、ワイダさんと直接お目にかかったことはありません。遠くからお姿をちらっと拝見したことはありますけれども、言葉を交わしたことはありません。
　1970年代、私が舞台を始めたころ、若い新左翼系の劇団とか、アングラ劇団、小劇場の現場では、グロトフスキの名前がよく出ました。しかしドンゴロス：襤褸布をかぶり憑依したようなおぞましい舞台写真を見て私は、何か自分とは生理的には合わないけれども、ただ、このグロトフスキなるものを理解できないと、舞台を続けていけなくなるのではないかというような気にもさせられました。
　1973年、小劇場ですが、ムロジェックの『大海原で』と『魅惑の夜』という二本の美術をやりました。チラシには「装置」となっていますが舞台装置と衣装を担当しました。その頃、ポーランドの芝居といっても、知識もイメージも殆どなく、ただ台本を読み、稽古を見て演出と話して行くうちに浮かんできたイメージを自分で再現構築、形づくってゆ

くという感じでした。ムロジェックはワイダさんも手がけており、76 年に他の作品『亡命者たち』をクラクフで演出なさっています。

　私の友人関係では、転形劇場にいた李三郎、青年座の扇谷敏、伊丹十三の『お葬式』で死体役をやった奥村公延さんが出演している『山椒大夫』という作品ですが、赤坂に本拠があった若林彰さん主宰の国際青年演劇センターがポーランド公演をしています。先日、仙台で仕事をしている扇谷に何年頃に何処で等色々聞いて、ネットで検索しましたが、まったくというか、ほとんど出ません。昨夜出てきた資料では、1978 年、ポーランドのヴロツワフ演劇祭『山椒大夫』上演、永井智雄（俳優座）、日色ともゑ（民芸）他出演と書いてあります。これに参加した芝居仲間の友人から絵葉書や帰国後に民芸品のお土産をいただいたり、ツアーの様子を聞いて、ポーランドがちょっと近くなりました。ちなみに、上演は叶いませんでしたが『SANSHO　THE　BAILIFF』（溝口健二『山椒大夫』による）をワイダさんは準備をしており 1993 年に描いた舞台演出と美術プランのエスキースが沢山あります。

　そして 1984 年、ワイダさんと同じ年に生まれたポーランドの代表的な舞台美術家、主に人形劇・児童劇の美術を手掛けているアダム・キリアンが来日、東京で開催された国際舞台美術シンポジウムに参加しています。つい何年かまでキリアンさんのお名前も忘れていました。ポーランド文学の翻訳家で、作家でもあるつかだみちこさんより、ポーランドでキリアンさんと会った時、懐かしそうに「ケイコによろしく」と言っていた、と何年か前に伝えられましたが、私は彼との接点をまったく思い出せませんでした。今回、ポーランドの舞台美術のことを調べる過程で、素晴らしい仕事をしていた方で、ワイダさんと同じ作品、たとえばヴィスピヤンスキの『婚礼』などをまた違ったスタイルで発表していた方だと知りました。今ご存命かどうかちょっとわかりませんが、来日中の通訳かアテンドを私がしたことがあったようです。

　ポーランド語をまったく話せない私がなぜ通訳ができたか、それはフランス語です。1980 年からフランスでジャン・ルイ・バローの劇団に 2 年ほど所属して、舞台美術を研修していました。その時は文化庁の派遣でしたが、その後私費を含めますと足かけ 4 年間、パリをベースにして生活をしておりました。当時、ポーランドが戒厳令を施行。「連帯」運動が起こり、パリ中に白地に赤い文字で「SOLIDARITÉ（連帯）」の旗がはためき、私が住んでいたカルチェ・ラタンではどこへ行ってもその話題で持ちきりだったことが思い起こされます。日本からも、ポーランドの劇団：トマシェフスキの劇団に入りたいというパントマイマーの女性が私の部屋に転がり込んできましたが、どうしてもポーランドには入国できず、トマシェフスキの弟子が主宰するオランダの劇団を訪ねて行った、というようなこともありました。その時は「何でみんなポーランド、ポーランドなんだろう？」と思いました。私は政治に関しては本当にうとく、自分の仕事も、たとえば日本の室町時代という設定の仕事が来ればその時代や風俗を調べる、農民の設定であればそれを調べるという、いつも後追い、後追いで、自分の知識を仕事に生かすというのではなく、仕事の現場から知識や技術を体得という生き方をしてきました。ポーランドについても同様、「へえ、そういうものか」と、後から知っていったわけです。

　キリアンさんとお会いしたのが 1984 年 1 月、その後、私はセゾン：西友文化事業部と契約しシネ・ヴィヴァン六本木やキネカ大森など、立て続けにオープンしたセゾン系映画館の企画を担当。7 月にキネカ大森で開催したポーランド・シネマウィークには、ポーランドから映画代表団として監督が二人、女優さんが一人見えました。この頃のワイダさんは映画人協会の会長職からも追われて一番大変な時期だったと思います。ワイダさんかと思っていましたら、後任の会長であるヤヌシュ・マイェフスキ監督が来日、歴史ロマン劇『バ

ルバラ姫の追憶』を上映。そして『灰色の受難の日々』のロマン・ヴィオンチェックさん。日本でも公開されたドキュメンタリー『63日間　ワルシャワ蜂起の記録』の監督として有名な方です。彼が来日メンバーの中でフランス語が一番達者だったので、私は一番多くアテンドさせていただきました。帰国後、ポーランド演劇の舞台美術に関する、すごく重厚な本を贈っていただいたりしました。ところが、今回のお話があるまで、その本は殆ど開くことなく、書庫の奥にしまってあったのが、昨夜見つかりました‥‥　先ほどのワイダさんの舞台の写真もその本からスキャンしたものです。

　さて、このポーランド・シネマウイークでは進藤照光さん、山田正明さんといった方々がポーランド語の通訳をされ、工藤幸雄先生にもお世話になりました。プログラミング・ディレクターは草壁久四郎さんで、私は草壁さんの秘書的な立場でした。この時、私の好きな『世代』も同時上映しましたが、それまでに私は、ワイダ作品は何本も『地下水道』『灰とダイヤモンド』以下『ダントン』までほとんどの作品を見ていました。

　また舞台の方では、あ、そう言えばポーランドの作品だったと先日思いだしたのが、『自由の最初の日』というレオン・クルチコフスキの作品。1986年にかつて高田馬場にあった小劇場、東芸劇場での公演で私は舞台美術を担当しました。翻訳の中本信幸先生からお話をいただきました。中本さんは、エイゼンシュテインやシェイクスピアも翻訳されていますが、当時は演劇雑誌『テアトロ』で毎月劇評を担当、照明や美術などにも触れる評論をされる方で、その縁だったと思います。

　1990年、ご来場の皆さんの中にもファンの方がいらっしゃると思いますが、ポーランドの前衛芸術家タデウシュ・カントル。82年『死の教室』の日本公演に続き90年春に再来日しその数か月後、12月に亡くなってしまった天才肌の演出家でした。映画『死の教室』(1976)は資料ではワイダ監督作品となっていますが、ワイダさん自身は、自分は助監督でしかなかったという文章を書いていらっしゃいます。本当にこのカントルは大変な人でした。私は当時親しくしていた九條今日子さんから頼まれて、フランス語が堪能なカントルのお世話を担当。それも劇場以外で！何と渋谷の東急インからパルコ劇場まで300m足らず、毎日送迎の車を出せとのこと。私は運転ができないので、それなりの車を持っていてフランス語が話せる友人の手配に追われたりしました。‥‥　この時カントルがドローイングを30枚ほど持って来て、一枚でも多く売れというお達しで、その展示も担当しました。それまでは、ポーランドは優しい国だ、人もいいし音楽やお酒やお料理も‥‥と思っていましたのに、このカントルによって一挙に、何と言うか、「くたばれ」なぞと言ってはいけませんね‥‥『くたばれ、芸術家！』『私は二度と帰らない』という作品を上演しましたが、本当にもう疲労困憊。毎日、もう立ち上がれなくなるのではと思いながら、2週間いえ3週間ですか、カントルの帰国までお付き合いしました。何と、ワイダさんはカントルをスケッチしています。似ているか似ていないか、わかりませんが‥‥　今後ろに展示してある中には、肖像画はほとんどありませんが、ワイダさんは実に多くの肖像画を描いています。彼の先輩芸術家：ヴィトカツィやカントル等、ポーランドの画家は非常に多くの肖像画を描いていますね。"ポーランドの肖像画"という切り口で研究なさっている方がいらっしゃるかどうか、わかりませんが、そういう切り口もあるなと思えるほど、自画像を含め肖像画はポーランド（人）を理解する一つのキーワードになりそうな感じがします。

　1999年、シアターＸ（カイ）『HARUKO』公演。女優の横山道代さんがポーランドのシレジア地方のドキュメンタリー番組をNHKで見て非常に感銘を受け書き上げた作品で、彼女は横山通乃と芸名を変えひとり芝居に挑戦。宣伝美術も含め舞台美術を担当した私は、旧知の劇場であるシアターＸとの橋渡しもしました。かつてポーランド人とドイツ人が共存した町の過去と現在、日本とポーランドを往来する舞台づくりに当たっては、横山さん、

シアターXの上田美佐子さんやポーランド関係者の方々と話し合いを重ね、コラボレーションしました。

＜監督と美術監督の仕事＞
　ここから一挙に話が変わります。実は私の夫は恩地日出夫という映画監督で、ワイダさんより6歳若い1933年生まれ、先ほど本木さんがお話になった松竹ヌーヴェルヴァーグの大島さんや篠田さんよりちょっと年少ですけれども、同じ頃に東宝の新しい路線の監督としてデビューしました。私と夫とはほとんど一緒に仕事はしておりませんし、本日も来ておりません。いつもご一緒のワイダさんご夫妻は本当に羨ましいなと思います。映画『わらびのこう　蕨野行』この時私は美術監督ではなく、広報：宣伝デザインを担当。これは製作委員会方式の自主制作作品でしたので製作側のスタッフでもありました。キャストは市原悦子さんや石橋蓮司さん、中原ひとみさん、原知佐子さん、李麗仙さん等でオール山形ロケ、丸一年がかりの撮影でした。私が企画から公開まで関わったこの作品を通して、美術監督とはいったい何をするのかご存じない方もいらっしゃるかと思われますので、ちょっとご説明いたします。
　『蕨野行』の蕨野は架空の場所で、姥捨ての地で老人たちが死ぬまでどう生きるかという話です。東北地方のロケハンに数年かかりました。この作品を作るのにトータルで10年近くかかっています。ロケ地が決まった段階で、イメージ地図を作ります。実際の地図・地形とは違います。川や蕨野や村が、どういう位置関係にあるのかということについて、監督が描いたメモを斎藤岩男美術監督がそのイメージに基づいてより具体化します。もちろんロケハンにも同行し、撮影監督や助監督、製作者と相談しつつ、絵図にしていきます。絵を描く監督は多くいますが、スタッフの中で一番絵を描く技術、そして図面化する技術に優れているのが美術監督です。次に一軒一軒の家ですが、現存している建物をそのまま使用したり、一部をロケ加工することもありますが、家を建てることになったらば、平面図、側面図、詳細図等作成します。なぜこういう画像をお見せするのかというと、今回は展示していませんが、ワイダさんもこういう絵や図面を、ここまできちっとしたものではありませんが、フリーハンドで描いていらっしゃいます。
　そしてこれがイメージ画にあたります。これらはすべてのスタッフに見せるものではなくて、基本的には監督とキャメラマン、それと大道具さんくらいにしか見せません。ですから今回展示したワイダさんのも、絵の右下に落款があるもの、これはある程度他人：関係者以外にも見せるということを意識した作品といえます。現場においてはこんな風にいちいち朱を捺して、しっかりサインをするということは殆どなく、またその余裕もないのが現状です。大映から映像京都、そして松竹京都の大御所、西岡善信美術監督の絵ですが彼の場合は驚くほど完璧です。比べると、ワイダさんの場合は本当にイメージスケッチだと思います。巨匠の域に達した西岡さんはじめ、美術監督にはここまで色や光、そして細部まで描きこむ方もいらっしゃるわけですが、あくまでこうした絵は映画製作をスムースに進行させるコミュニケーションツールの一つです。

＜ワイダが描く＞
　次に絵コンテ。実は、今回資料として100枚の絵が入った『アンジェイ・ワイダ　1947-2000 演劇・映画絵コンテ』という作品集をいただき、その中から展示用に12枚セレクトしました。タイトルに絵コンテという言葉が使われていますが、厳密な意味で絵コンテはほとんどありませんでした。絵コンテと呼べそうなものはせいぜい2．3枚かと思います。ちなみに、コンテとはコンティニュイティ、カットつながりやカメラワークのための必要事項が

記入されている撮影台本で絵付きのものを絵コンテといいます。ですから映画界、映像現場の用語で演劇用語にはありません。

　ワイダさんの絵、そして字を見て、私は何かこう、親近感のようなものをすごく感じました。なぜかというと、その文字の斜めの線というのが、自分が書くアルファベットに非常に近いと思いました。それはどうしてか、彼は左利きなんですね。私も左利きで、ただ私は何年か前にある仕事で左手を痛め、右でも文字は書けるようになりましたが絵はやはり左がメインです。だから、これは左利きの人が描く絵や字だと直感しました。レオナルド・ダ・ヴィンチもそうですが斜線の向きでわかります。左利き同士、すごく親近感を抱きました。今回の資料として久山宏一さんからいただいたワイダさんの描画集の中にも、千葉さんや大竹さんのお話にも出ましたが、彼が常に携帯する小さなスケッチ帳に左手でスケッチする姿が掲載されています。それからワイダ夫人クリスティナさんが、女優であり、舞台美術や衣装そして映画美術もやっていらっしゃるということ、監督を夫にしているという生き方——私は女優ではありませんが——どこかでお目にかかる機会がありましたら、人生の大先輩に色々とお話を伺いたいと思いました。

＜ワイダ　1947-2000 演劇・映画の世界＞
　戦後1947年、まだクラクフ美術大学の学生時代に描いたギリシャ悲劇『アンティゴネ』装置プランのラフスケッチ〔図1〕。卒業してからも54年、作品は不明ですが「アルルカン」という舞台衣裳の絵を描いています。これらを最初ぱっと見た時に、「え、エイゼンシュテインじゃないの」と思いました。ポーランドではなくソ連の、『戦艦ポチョムキン』を監督したエイゼンシュテインですが、彼は映画・舞台の演出、そして絵も描く芸術家で優れた教育者でもあります。私の持っているエイゼンシュテインの画集と見比べつつどうしてこんなに似ているのかなと気になり調べてみました。このカロル・フリッチという、クラクフの美術大学のワイダの舞台美術を指導した教授の絵（1913.1922）と、ほぼ同時代のエイゼンシュテインの絵（1917, 1921）ですが、線のタッチが非常に似ています。そして、また、エイゼンシュテインよりもっと前のヴィスピヤンスキが、1903年に描いた絵ですが、ワイダさんはこういったところから色々多くの影響を受けているのではないかと、私自身は今回ここ一ヶ月で発見しましたが、もしかしたら、こういうことを既に研究されている方がいらっしゃるかもしれません。

図1　『アンティゴネ』

　そしてこれは、クリスティナさんが1971年に、ムソルグスキーの『ボリス・ゴドゥノフ』のためにデザインした衣裳ですが、彼女も、ワイダさんと一緒になる前から、舞台美術の方では第一人者であったことも今回わかりました。先ほど触れましたヴィオンチェク監督から頂いた本『ポーランド　現代の舞台美術』（1983）は、表紙がカントル作品でポーランドの代表的な舞台美術家たちの作品や舞台写真が載っていますが、その中にワイダさんやクリスティナさんの作品も多数入っていました。

　そして次は、1957年のワイダさんの映画『地下水道』、日本公開時のポスターです。会場後方に展示してあります『地下水道』はバリケード　主人公が地下水道に入る場面のイメ

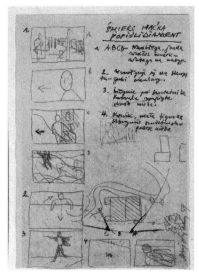

図2 『灰とダイヤモンド』

ージです。『灰とダイヤモンド』主人公マチェクの死〔図2〕、キャメラをどこに置いてどう撮るのか、人の動きとキャメラワーク、カット割りの演出メモですね。後期のもののようにサインもなければ、印も捺してありません。これが、恩地監督曰く、100枚の中で唯一「絵コンテ」と言えるものでした。エイゼンシュテインの『戦艦ポチョムキン』の時の絵コンテを見てください。ワイダさんの絵コンテは、実際の映像とは違っているのですが、師の師にあたるエイゼンシュテインは、驚くほど絵コンテと作品がぴったり一致しています。

　ワイダさんの、今度は舞台の方にゆきます。今後も映画と舞台を行ったり来たりしますが、彼自身、映画と舞台、ほぼ同じくらいの作品数です。これは日本でも『二人でシーソー』(1960) という題で上演されているアメリカの現代劇作家ウィリアム・ギブソンの舞台作品ですが、デザイン画をよく見ると、真中のあたりには新聞が、そして写真も貼られています。1973年のスイスのデュレンマット作『加担者』でも後期の舞台装置と技法が異なり、黄色いアーチ状のパネルは全面に写真を使っています。工場のパイプ、いえトンネルでしょうか。大小のパイプや金網などの写真がコラージュされています。こういった作品手法ですが、実は私も同じような作品を作っていました。先ほど触れたポーランドの代表的作家レオン・クルチコフスキ『自由の最初の日』の舞台美術で、もう30年も前1986年です。設定は1945年3月初旬、捕虜になっていたポーランドの将校たちが、ドイツ軍の敗走する中、ポーランドに帰国する途中で立ち寄った洋装店。そこでドイツ人一家との出会い、敵と味方、生と死、自由‥‥外では銃声や砲弾の音が。そういう話でポーランドでもたびたび上演されています。私がプランしたセットは壁を普通の壁紙ではなく、神奈川大学の中本先生の研究室でお借りした当時のドイツの新聞をコピーして貼り込みました。黒っぽいところが写真で戦況やナチスやムッソリーニの動向。小劇場での上演ですから、観客からも見えます。この作品の主題は『灰とダイヤモンド』他「抵抗三部作」にも通じるかと。

　これはポーランド演劇映画研究の故山田正明氏夫人の和子さんからお借りした、『ポーランド演劇の演出家たち』(1979) という本です。この中にワイダさんの若い頃の横顔がありますが、わかりますでしょうか‥‥大竹さん、わかりますか？（笑）左から右にだんだん若くなっていきます。左から3番目の髭や髪がモジャッとしているのがグロトフスキ、右から4番目のちょっと変わった鼻をしているのがカントルです。そして、ワイダさん‥‥実は一番右側です。これを見ると、ポーランド人、ア

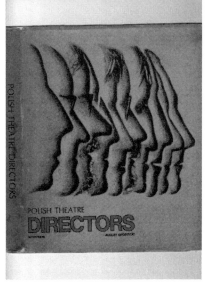

図3 *Polish Theatre Directors*, August Grodzki, INTERPRESS PUBLISHERS, WARSAW 1979

ーリア人、ユダヤ人とか色々言いますが、たしかに鼻の形が実に多様です。ポーランドでは人相学はどうなっているのか‥‥ また、こういう表紙を作るということにもびっくり致しました。〔図3〕 もう時間が足りなくなってきましたが、次の『ダントン』。ワイダさんが舞台と映画両方を演出した作品は『悪霊』、『婚礼』、『ナスターシャ』などあり『婚礼』は2000年までに舞台で3回もやっています。この舞台『ダントン事件』は映画化するよりもずいぶん前の1975年、ワルシャワの劇場です。78年にはソフィアでも上演しています。82年にフランスで撮った映画『ダントン』は展示してありますが、拘置されたダントンを囚人たちが熱烈に歓迎しているシーンです。国民公会のシーンのスケッチもあります。ここで注目したいのは、ワイダさんの作品には、色々な泰西名画など絵画や美術作品が出てきますが、何と『ダントン』の中では、絵がさりげなく装飾小道具として飾られているだけではなく、画家のダヴィッド本人が登場します。彼の有名な作品『マラーの死』、皮膚病

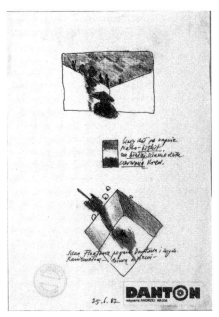

図4 『ダントン』革命犠牲者共同墓所

のためにお風呂に浸かっているときに女中に殺されたシーンですが、その絵の完成間近、助手に仕上げというか、塗らせている、そういうシーンまで出てきます。これはもちろんシナリオを書いた若い女性作家の創意もあったのでしょうが、ワイダさんならではのことだったと思います。そして、ダヴィッドが描くロベスピエールの衣裳を見ると、白に青のローブ、赤がちらりと、差し色みたいにして出てきます。そしてこれがダントンの最期、というかイメージですが「革命の犠牲者のための共同墓所」〔図4〕、ここでちょっとこの絵の真中の方に書いてある文章を読ませていただきます。「石灰の白い穴。青い空。穴の白い壁に赤い血」。下の2行は、「大団円―ダントンと他の人たちの埋葬式。石切り場―地面の穴」という風に書かれています。ここで見ていただくとわかりますが、フランス国旗と同じ三色。これは、まあ、ポーランドの赤と白に青が加わるともいえますが、フランスの場合、王家の白に「たゆたえども沈まず」というパリ市の赤と青が加わって三色になったという風に聞いています。この三色というイメージが、他の作品にも繰り返し出てきています。たとえば1995年の『聖週間』アーリア人側に身を隠すイレナは燃えるワルシャワ・ゲットーを見るシーンのイメージ画〔図5〕。これも三色を使っているわけですね。青と白と赤。この女性ですが、これを見たとたん、「お、パクリ!」、絵をよくご覧になっている方、絵に詳しい方はすぐにわかったと思いますが、ワイエスですね。アンドリュー・ワイエスの『クリスティーナの世界』と、もうまったく

図5 『聖週間』

同じですね。こういうようなこと、実を言うと結構色々なところで、ワイダ作品の中には、「あ、これは…」と思うものがあります。但し、これは彼に限ったことではありません。これから公開される、『ヴェラの祈り』(2007年)。まだ若いロシアの監督で『父、帰る』を撮ったアンドレイ・ズビャギンツェフの作品ですが、チラシを見ても、これはもう本当に色といい、まさしくワイエスです。彼自身もワイエスにインスパイアされたと語っていて、ワイエスの油彩画の世界を再現することを目的にロケハンしたそうです。

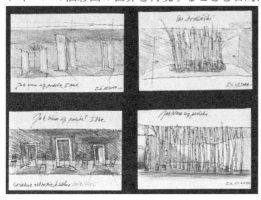

図6　『お気に召すまま』

これは、作品名は不明ですが「93 イタリア」と書いてあるので、たぶんイタリアでスケッチされたものだと思いますが、赤と青と白で描かれています。イタリアですが緑はありません‥‥

最後になってきました。これはクラクフ国立演劇大学の卒業公演、シェイクスピアの『お気に召すまま』〔図6〕。2000年の舞台デザインです。ここでも一番右下場面は赤い空に――朝焼けか夕焼けかわかりませんが――白樺の林、白い壁、そして地面が青く色鉛筆で描かれています。その他の場面も、なぜかこの三色を使って描かれています。右上はちょっと黄色が入ってきていますが、『聖週間』など他の作品でもいえそうですが、『ダントン』の映像について、激しい映画を作る時には、はっきりと明暗をつけねばならない。観客好みの暖色、黄色という色を排除して、黒、白、灰色、青、といったものを使って色のトーンを決めている、というようなワイダさんの言葉を読んだことがあります。それはなぜか、やはり赤を目立たせるためというのがあるのではないかと思います。私自身今日は白に黒、ちょっと赤っぽいパンツをはいて、それに青のファイルを持ってきました。王家と市民の和解、革命の象徴、自由・平等・博愛の三色といわれますが、ワイダさんにとっての青・白・赤は何か。深くて大切な意味があるのではないかという気がしています。

＜おわりに＞

これはまたちょっと時が逆行しますが、1966年の『お気に召すまま』。まだワイダさんと出会う前のクリスティナさんの舞台装置と衣装で、彼女の代表作でもあります。彼女は本当に造形力もあり技術も高く、そして多彩ですね。

そしていよいよ最後です。ワイダさんが演出、舞台装置、衣装も担当した1974年のヴィスピヤンスキの『11月の夜』という舞台で1830年にワルシャワで起きた11月蜂起を題材にしています。「ナポレオニドのニケ」。ギリシャ神話の勝利の女神も三色になっています。ダヴィッドの戴冠式のナポレオンは白に赤いガウンですが、このナポレオンには青が加わり

図7　『十一月の夜』ニケ

図8 勝利の女神ニケ——全日本鉄道労働組合総連合会（ＪＲ総連）

勝利の女神ニケと名付けられています〔図7〕。そしてもう一枚、銃剣を持った三色のニケ〔図8〕、これが最後の作品です。

というわけで、本日は衆議院選挙。この自由、平等、博愛、三色ということなどをイメージしつつ、まだ投票なさっていない方は、お帰りにどうぞ「お気に召すまま」。私自身、期日前投票をした時にも、この三色を、非常に意識して投票いたしました。

以上、話があちこちに飛んでしまいまとまりませんが、映画美術と舞台美術をやっている者として、ワイダさんの舞台と映画作品の一部を私なりに分析・解釈してお話しさせていただきました。本日はどうもありがとうございます。

（おことわり：当日の全画像を掲載することはできませんので採録原稿に補足説明および一部加筆訂正いたしました。星埜恵子）

《パネル・ディスカッション》
「映画におけるポーランド派」の昨日・今日・明日

司　　会：久山宏一
パネラー：佐藤忠男、本木克英、大竹洋子、岩波律子（岩波ホール支配人）
　　　　　　　　　　　　　　　　　　　いわなみりつこ

田口：それでは、パネルディスカッションのファシリテーターは久山先生にお願いいたします。

久山：今日はみなさまのお話を聞いておりまして、やはりワイダというのはなかなかとらえがたい作家であると、改めて感じました。つまり、ひとつのところへ話が収斂していくようにいろいろな発表が行われて、それで学会がまとまっていく、という風にはなかなかならない作家であるなと。たとえば、日本映画ならば小津安二郎の学会、ポーランド映画ならばキェシロフスキの学会。彼らはきわめて個性的な文体（スタイル）を持った映画作家であり、テーマにも強い一貫性のある作家ですが、彼らを論じることと比べると、ワイダのような、本木さん曰く、「衝動」「パッション」「執着」といった、形式ではなく内容に個性が刻印されているいわゆる「職人肌の監督」の場合は、論点が収斂しにくいのではないかと感じました。

　ところで、「職人肌の監督」という言い方は、おそらくポーランド研究者の口からはなかなか出てこない、大胆な評言であると私は感じました。ワイダは、2000年にアカデミー賞名誉賞を受賞したとき、ポーランドで「カメラを持った詩聖」（ダニエル・オルブリフスキ）とすら呼ばれました。その彼をスタッフワークに優れた「職人肌の監督」と言い切った、本木さんの新鮮な物の見方と勇気に感動いたしました。

　と同時に、ポーランド国外においてワイダは、ポーランド映画の代名詞であり、ポーランド映画の多様性は彼の創作との比較において語られるといっても過言ではない。ワイダは、さまざまな対象に「衝動」「パッション」「執着」を覚える作家である。ポーランド大使が指摘された、「社会的な主題」から「情緒的な主題」にいたるまで、それも、ある時期までは片方の系列、後にもう一方に移ったというのではなく、複雑にその間を揺れ動きながら弁証法的に進んでいく、いろんなジャンルの間を進んでいく、極めてとらえにくい作

家です。そういう中で、たとえば大島渚さんのように、個人の経験をもとにしてワイダを読み解く、戦争体験があったかなかったか、あるいは68年・70年の経験があったかなかったか、ということとの関連で作品を読み解く、こういうひとつの伝統的なワイダ論がある。そこにおいてある種の、ワイダの創作の一貫性というものを見つけようとする試みというのがありましたが、今日は、それと全く違う考え方が提示されたともいえます。

　この後ぜひ、ここにお集まりのみなさんのご意見もお伺いしたいと思いますし、それからせっかく、岩波ホール支配人の岩波律子さんもいらっしゃいますので、現在日本でかなり盛んに紹介が進んでいる、しかも非常に高い評価を受けているポーランドの映画、かならずしもワイダにとらわれることなく、ポーランドの映画についてもみなさんと少しお話しする機会があればと思っております。

　いくつか例を挙げるならば、今年公開されて、非常に高い評価を受けた、佐藤忠男先生も絶賛評を書いてくださった『イーダ』という作品があります。この作品は明らかにポーランド派の、カヴァレロヴィチであるとかワイダといったような映画をもとにして、戦争を経験した人たちの孫にあたるような世代が作った作品です。第二次世界大中のポーランドの反ユダヤ主義、そして戦後のスターリン主義時代の裁判の問題、雪解け後に共産党政府がキリスト協会に寛容になったことなど、さまざまな社会的な問題を、イギリス在住のポーランド人監督が、己れの経験とは直接の関係のない歴史的事実として、描いた作品です。ポーランド派の映画と似ているが故に、逆にその作り手がはるかに若い世代に属していることが、際立って感じられるのです。

　また昨日から岩波ホールで公開されている『幸せのありか』という映画は、障がいを持って生きる若者の自己表現を描いた作品で、ポーランドの社会的現実は背景に退いている。さらには、来年イメージフォーラムなどで公開される『イマジン』という映画——これはポルトガルを舞台にした、ポーランド人俳優が出演しない、全編英語台詞で語られる映画です。これなど、観ていると、ついにポーランド人から真の国際映画が生まれたのか、と思わされます。

　と思うと、岩波ホールで来年4月に公開される『パプーシャの黒い瞳』は、ロマの人々の生活を描いた映画で、民族映画的な流れにある。

　このように、日本に紹介されるポーランド映画だけをとっても、非常に多彩になってきている、ということを感じざるを得ないのです。

　では最初に岩波律子さんに、ポーランド映画の日本における上映に携わられている方に、上映されているお立場から、あるいは先ごろポーランドにいらしたご感想でもけっこうですけれども、ポーランドについて、あるいはポーランド映画について、ポーランド映画を配給する立場として、どのようなお考えをお持ちか、お聞かせいただければと思います。

岩波：岩波律子でございます。今、久山先生が「配給」とおっしゃいましたが、私どもは上映館ですので、「上映」と直させていただきます。私も本当に上映館の人間でございますので、ポーランド映画に特に詳しいというわけではございませんので、私どもの映画館のことだけちょっとお話させていただきます。

　先ほど、大竹洋子さんがずいぶんお話になったので、ちょっと重なってしまうんですけれども、やはりアンジェイ・ワイダ監督というのは、私ども、40年ぐらいの間に200本以上を上映してきたわけですが、その中で劇映画を15本上映しておりますので、ひとりの監督の作品をこれだけ上映するのは——全集とは言えませんけれども、選集みたいにしてですね——上映できたことは本当にめずらしいことですし、それから最初の1980年に上映しました『大理石の男』から今年上映しました『ワレサ　連帯の男』まで、ご健在で活動し続

けている方をこうやって上映できた、ということは、いかにまれであるし光栄なことであるか、ということを改めて思います。

　社会的なテーマが非常に多いわけですけれども、私どもでは『白樺の林』ですとか『ヴィルコの娘たち』、それから2年前にはイヴァシュキェヴィチ原作の『菖蒲』といった抒情的な作品も上映しておりまして、なかなか日本では社会的な面しか知られておりませんけれども、『白樺の林』などは、これもイヴァシュキェヴィチ原作ですけれども、これも大変好きな作品でございます。観客の方も、きっとワイダということでずっとついて来てくださってると思うんですけれども、特に80年代は6本ぐらい上映しています。90年代は4本です。2000年代になって2本、2010年代になって2本、だんだん少なくなってはいるんですが、『カティンの森』は2009年に上映して、これは本当に大ヒットでございました。なかなか厳しい映画ですので、特に女性の方はどうかなあと思いましたけれども、男女を問わず非常に熱心にご覧になられて、ポーランドの歴史について、もちろんワイダさんを通じてですけれども、みなさん大変ご興味がおありになるんだなと感銘を受けました。

　しばらく空いて『菖蒲』を拝見しましたときに、だいぶもうご高齢で、お体の具合も良くないとお聞きしていたんですけれども、そのみずみずしさと迫力を見まして、本当に全然歳を取ってらっしゃらない。文字の作家の方も映像の方も、ある程度の年齢になりますと少しやはり、何と言いますか、そういう体の弱さのようなものが出てきてしまうんですけれども、それを感じさせないみずみずしさに驚きました。『ワレサ　連帯の男』は、ワイダさんが特にポーランドでも若い人たちに見ていただきたいとおっしゃっていました。日本でも学生の方々に見ていただくという活動をしているんですが、大変面白かったという声が聞けて、本当に嬉しく思いました。当時はやった流行歌を織り込みながら、非常にリズミカルで——本木さんがおっしゃってましたけれども——やっぱり新しいスタッフとか、そういう斬新なフィーリングの方と仕事をしながら、本当に衰えないワイダさんのリズミカルな感性にはびっくりいたしました。

　最近ポーランド映画が——映画祭なんかも日本で行われていて——すごく注目されておりますが、私どもの映画館に限りますと、数年前に、ちょうど3.11が起こった直後に、女性監督のドロタ・ケンジェジャフスカさんという方の『木洩れ日の家で』という映画——森の奥に住んでいる老婦人の話なんですけれども——これがなぜか大ヒットになりまして、これは歴史がどうこうという感じではあまりない、おばあちゃんが最後をどうやって生きて死ぬかというところで、日本の今の、地震があった直後で、みなさんの心境にすごくマッチしたようで、大変ヒットいたしました。ちなみに、この方が本国で知られているかどうかわからないんですけれども、たぶん上映されていないと配給会社の方からは聞いておりまして、日本でだけヒットしたのではないかと思います。それから、昨日からちょうど始まりました、マチェイ・ピェプシツァ監督の『幸せのありか』というのも、これは体が不自由なんですけれどもさらに知的障害があると疑われていたが、実はそうではなくて非常に聡明な青年だったという、実話に基づいたお話です。これもあまり政治とは関係がなく、1980年代を背景にしており、それこそワレサが連帯の委員長などとして戦っていた時代を背景としていまして、それが静かにちょっと織り込まれております。その次に、ご紹介いただいた、ご夫婦で監督の、クラウゼ監督ご夫妻がつくられた、ジプシーの初の女性詩人の『パプーシャの黒い瞳』。これも大変立派な作品で、この新しい3作品は、映像といい、その力量といい、ちょっと断トツにすばらしいと思います。ポーランドが経済的にも少し落ちついて、そういうものを作ってこられるその土壌ができたのかなということと、日本の方のフィーリングにも合うのかな、ということで楽しみにはなっておりますが、上映する側としては難しさもあります。なかなか今、日本の若い方が映画館に足を運ばないとか、

ポーランド自体でも——実際にポーランドの映画大学の先生に何人かお伺いしたんですが——実は映画館にあまりいらっしゃらない、ということも聞いているので、それは世界的な状態だとも思いますけれども、そうやってポーランドから優れた作家が輩出されている中で、若い観客がどのように育っていくか、どのように見ていただくかが私どものテーマでございます。なかなか大変なことではありますが、またみなさまのご協力をぜひよろしくお願いできたらと思います。以上でございます。

久山：新しい映画の話になりましたけれども、佐藤先生、『イーダ』について、これとたとえばカヴァレロヴィチの昔のポーランド派の映画との関係性について、どうお考えでしょうか。少し『イーダ』についてもお伺いしたいんですけれども。この映画は、ゴールデングローブ賞、アカデミー賞の外国語映画賞にノミネートされました。

佐藤：ちょっと質問からそれるかもしれないんですけれども、今日しきりに話題になったのは、『地下水道』と『灰とダイヤモンド』でね、口に出かけてるけども話せなかったのが、『大理石の男』と『鉄の男』なんですよね。そしてこれが、ワイダを論ずる場合の、ひとつの垣根になっている。『灰とダイヤモンド』は、政治的な、時事的なテーマを扱って、その時代に直接反応するような、ジャーナリスティックな面が強いんだけれども、でも芸術的な観点からも本当に話しやすいんで。ところが『大理石の男』、『鉄の男』になると、これはその時代に合わせたプロパガンダ映画じゃないか、プロレタリア側のプロパガンダじゃないかという反応をする人もかなりいましてね。そう言われると、その作品の良さについて語る上手い言葉が出てこなくてね、触れないで済ませる、というような面があります。ワイダに関心のない人っていうのは、要するに、『大理石の男』や『鉄の男』はわかるけれども、あれはその時流にのった政治的発言じゃないか、と見えるんですね。しかしワイダにとっては、芸術家的な面と社会活動家的な面がふたつあるみたいだけれども、実は両方一緒なんであって、要するに「時代と格闘する」のが生涯のテーマで、『菖蒲』みたいな作品も実は、こう言ったらちょっと言い過ぎかもしれないけど、「さあ、お前が希望していた民主主義は獲得できた。ではお前のやることはなくなったはずだ」と、世間は思う。みなさんはそうは思わないですか、そういう声はかなりあるんです。それに対して、政治的なテーマがなくなったときに何をやるか、というテーマがある。と思うんです。そういう点からすると、常に時代と格闘している人であって、そしてその時代との格闘の仕方が芸術的に見えたり、あるいはドストエフスキーなんかに凝ってるから、ある意味で完成されたクラシックな芸術世界を一方で求めて、一方では時事的なものをやって、これは品格が違うんじゃないかという風に見えたりなんかもするけど、そうじゃなくて、常に時代と戦ってるんで、テーマがなくなったなんていう時代があるだろうかと。彼はやっぱり悩んでるんだと思うんですよね。私はこれがワイダだけじゃなくて、ポーランド映画にかなり一般的で、重要な特色じゃないかと思うんです。つまりね、民族的なポーランド個有の問題だけを扱うと一種の民族主義になる、それじゃなくてやっぱり、常に普遍的な目を失っちゃいけないという意識が一方に強烈にあって、だから社会的なテーマを扱っていても、私はさっきちょっと言いかけたんだけれども、非常に民族的な、それこそ愛国主義的な作品を作っているようだけれども、それに対する皮肉をどっかに入れてるんですよ。浅薄な民族主義者じゃないよ、と。その民族主義が陥りやすい落とし穴みたいなものをちゃんと描いてるんですよね。こういうことはつまり、日本だと右か左かにはっきり分かれちゃうんだけれども、彼らの場合、もちろんそういう問題は強烈にあると思うんだけれども、右か左かに分かれる前に、両方の必要な面と邪魔な面をちゃんとわきまえておこうという意

2014年会議　アンジェイ・ワイダ

識を、いろんな作家に強烈に感じますね。ですから、ポーランド派と言われたときに、ワイダが一番有名でしたけれども、それと並ぶ評価を受けていた人に、『尼僧ヨアンナ』と『夜行列車』をつくったカヴァレロヴィチという人がいて、それからもうひとりアンジェイ・ムンクという監督がいまして。このアンジェイ・ムンクという人は『パサジェルカ』という、戦争中に収容所に収容されたけれども、そこでひどい目にあったけれども、非常に毅然として生きたひとりの女性を描いている。これが一種の崇高美になってるんですよね。しかしこの人はまた、ポーランドのドイツに対する抵抗を喜劇化して描いた作品を何本も作ってるんですよ。ある収容所に収容されているポーランド人の将校たちのうち、ひとりが行方不明になるんですよ。実は天井に隠れていて、だれかが食べ物を運んでいるんです。何でそんなことをするかというと、収容所から脱走するとたいていすぐ捕まるんだけども、天井に隠れていればわからない。だから、天井に隠れていたって脱走したことにはならないから、そんなことは馬鹿げているようだけれども、脱走に成功してついに帰ってこない男がひとりいた、という伝説をつくるために頑張っている、とかね。つまりね、ナチスに抵抗して崇高なまでに美しい姿になる女性を一方で描いていて、しかし一方でまた、抵抗というものを、馬鹿げた伝説をつくるためにやっている奴もいる。しかし馬鹿げているようだけれども、この馬鹿馬鹿しさがないとわれわれはやっていけないんだという、そういう逆説的な力強さもある。この辺がやっぱり、ワイダにもあるんです。そういう面がね。自分はただ崇高なヒロイズムだけを描いてるんじゃない、と。そうじゃなくて、『ワレサ　連帯の男』を見ると、かなりコミカルですよね。ワレサっていう男は、ああなれたらいいなってインテリはそう思うと思うんです。あれはやっぱり労働者だよ、と。労働者だからあんな風に面白く振る舞えるんだよ、というところがありましてね。ところが、ワイダは大真面目に褒めてるんですよね。やっぱりワレサがいたからこそ民主主義を勝ち取れたんだ、と。そして、俺にはとても真似できない、あいつのためなら俺は骨身を折って働いてもいい、というような。実を言うと、今ワイダは非常に物わかりの良さそうな好々爺になっていますけれどもね、若いころはね、見るからに理知的で鋭くて冴えていた。俺は天才だ、と思ってるとは思わないけれども、はるかかなたを見つめているような目つきをしてましたよ。それが、ワレサに心酔してるかどうかはわからないけれども、批判もあると思うんですけどもね、みんなが言ってる批判をわかりながら、でもやっぱりワレサがいたからこそこうなれたんだと。やっぱり彼が出て初めて、自分たちインテリと、今まで自分たちがどうしても接近できなかった労働者と、連帯ができたんだって。これはちゃんと、大真面目に言いました。ワレサに対する尊敬を言いましたね。常に今の問題、そして現代の問題、それを考えていて、しかし今こそドストエフスキーが必要だと思えばドストエフスキーをやるし、今こそ、何にもないひたすら平和の中でちょっと事故が起こっただけっていう『菖蒲』もつくるし、今こそ、何の問題もないような時に、何の問題もないような状態の中で見るべきものは何だ、っていう風にやっぱり大真面目にやってるんです、両方。やることがなくなったからこっちをやってる、とかではなくて。そういう映画のつくり方をするのがポーランド映画で、だから私はこれを、非常な美徳だと思いますね。なぜかと言うと、たとえば、昔はアメリカ映画というのは、平和の良さとか穏やかな世界の良さとかコミカルであることの良さっていうものを、非常にたくさん作ってたんだけども、今や地球はいかにして滅びるか、なんていう映画ばっかり作ってるでしょう。アメリカは一点集中で、意外と多様性がない。のびやかな映画というのをもうつくれなくなってしまった。そして必死になって、われわれは滅びるのか、だめになるのか、そんな風になってるけども。ポーランド映画の方はやっぱりまだゆとりを持って、というのかな。自分たちの中のアナーキーな面もちゃんと意識して、それはちゃんと警戒しようと。それから、われわれは本気

になればここまで崇高美を描ける、しかし崇高美を描けるからと言って滑稽さの必要性も忘れちゃいけない、とか。現代で何かを成り立たせるためには、その多様な面に目配りしなければいけないんだけども、ポーランド映画はその意識が非常にはっきり見えるように私は思えますね。こういう面も描かなきゃいけない、こういう面も描かなきゃいけない、それをみんな大真面目にやらなきゃいけないっていう。こちらはでたらめにやる、こちらは真剣にやる、っていうんじゃなくてね。私はそういう意味で、『大理石の男』や『鉄の男』の良さをどうやったら語れるかと、今日は上手く語れなかったし、まだうまく語れないんですけどね。いずれ語れるようになったら語りたい、と思っています。長々とありがとうございました。

久山：まだまだ語り足りないところを補っていただいて、ちょうど今お話の半分くらいでしょうかね。ぜひ佐藤先生のワイダ論、そしてポーランド映画論を楽しみに待っております。先ほど、佐藤先生がおっしゃられたムンク作品の『エロイカ』、ムンクは『パサジェルカ』撮影中に交通事故死します。佐藤先生がご指摘になられたように、『パサジェルカ』以前の作品は、アイロニカルな、ほとんどゴンブロヴィチ的な笑いを秘めた映画をずっと撮っていました。ワイダ監督ご自身、ムンクのことを非常に尊敬していました。では次に、大竹さんから、ワイダについてお話を伺いたいと思います。

大竹：今岩波さんが、『木洩れ日の家』が大ヒットしたという話をしましたが、本当にその通りで、私もびっくりしてしまったのですが、それはそれはいい映画だと思います。しかし日本人はね、ワイダさんのおかげでポーランド映画に慣れているんじゃないかと思うんです。もちろん、カヴァレロヴィチもポランスキもザヌッシもありましたし、ポーランド人の監督作品をたくさん見てきましたけれども、何と言っても岩波ホールは、高野さんは、これだと思ったら死んでもやる人ですから、そうやってずっとやってる間に、ポーランド映画の特徴というものを岩波ホールも観客もつかんでいて、ポーランド映画は間違いがない、っていう風になってるんじゃないかと思うんです。それであれだけ『木洩れ日の家で』が、まあ、題名も良かったんです。原題は「死ぬとき」というんですけれども、日本題名が良かったと思いますけれども。私はそのことはワイダさんに報告しました。とてもヒットしたけれども、これはワイダさんのおかげなんですよ、と書いたのですが。何しろ15本もワイダさんの作品を上映することになりました、と書きましたときに、それまではインドのサタジット・レイが一番多かったんです。これが14本ですね。その14本をこしました、ということをお知らせしましたら、「アジアの大監督であるサタジット・レイと私の作品を比較してくれて、こんなに恐縮することはありません」っていう、そういう本当に真摯な、丁寧なお返事が来るような方なんですね。ワイダさんはとにかく、ポーランド人の観客に見せるために映画を作ってるのであって、外国で映画を作ってそれをポーランドへ逆輸入するというようなことは一切考えていません。ポーランドの観客に、ポーランドでも今、若者が映画離れしていますけれども、とにかくどうやったら観客を映画館に戻せるかということが、ワイダさんの課題のひとつです。ですから、ワイダさんが描いているのは、半分が抒情的、半分が社会的、というような言われ方をしていますけれども、全部同じで、とにかくポーランドという国を表している映画だという風に思っています。

　私はさっき、お話することがたくさんあって、どんどん飛ばしていったのですが、お話しそこなったことを、申し上げたいのです。さっき佐藤先生が『ロトナ』のことをおっしゃってましたけれども、私はワイダさんにある日、「自分の映画の中で何が一番好きか」って訊かれたんですね。私は、何て言えばワイダさんが喜んでくださるだろうと思って一所

懸命考えたんですけど、やっぱり『地下水道』かなあと思って、「『Kanał』が」っていう風に言いました。ワイダさんは、にっこりして嬉しそうでしたけど、私は突然なんだかこれではとても足りないっていう感じになって、「『白樺の林』も『約束の土地』も全部です」っていう風に申しました。それから、じゃあ、ワイダさんはご自分の作品の中で何が一番お好きなんですか、ってお訊きしました。そうしましたら、一番好きというわけではないけれども一番気になっているのは『ロトナ』だ、とおっしゃいました。『ロトナ』はうまくつくれなかったからやっぱりもう一回作ってみたい、とおっしゃいました。私はそのことがとても頭に残っていて、これは私ひとりが知っているなあと思っていたんですけども、この前出版されたワイダさんの自伝的回想録には、そのことがかなり長く出ていますね。

　それからワイダさんは、黒澤明監督の大ファンですから、先ほどもお話ししましたように。で、とにかく黒澤先生が大好きで、『夢』のトンネルのシーンを撮影したときに御殿場まで見に行ってお話もしてらっしゃるんですけれども、三船敏郎さんのことも大好きです。岩波ホールでは上映しませんでしたが、フィルムセンターでポーランド映画祭を私と久山さんでやったときに、そのオープニング作品として『仕返し』を上映しました。これは『Zemsta』という題なんですけれども、英語は『Revenge』になっているんですね。でも「Revenge」っていう言い方は、「復讐」ですね、ちょっと強すぎるな、これはそれよりももうちょっと軽いものだな、と。いずれにせよワイダさんの作品は全部、文学作品の原作があります。ないのは『カティンの森』だけで、でも『カティンの森』も原作を作ってもらってから、映画にしたくらいですから。ワイダさんがシナリオを書いてオリジナル、というのはほとんどないと思います。『すべて売り物』は別にして。それで『仕返し』は、ポランスキが道化役で狂言回しなんです。ポランスキが雪原をやってくる、最初のシーンは本当によく覚えています。映画が出来上がったあとで私はその撮影現場のオグロジェニッツに行ったんですけれども、「ポランスキ、どっちから来たの？」と連れていってくれた若者たちに訊きましたら、「そっちじゃないですよ、あっちですよ」と言われて、振り向いた途端に凍った坂道で転びまして、足首の骨を折ったんですね。それでものすごく痛かったけれども、5時間我慢して、ようやく夜になってからワイダさんたちに報告して救急病院に行きましたら、とにかく折れてるっていうので即ギブスをはめられたんですが、次の日はワイダさんの親戚のお家へ食事に行く約束になってまして、松葉杖をついて行きました。そのときにワイダさんが、「どうして5時間も我慢してたんだ」と言うから、「周りの人に迷惑をかけたら悪い、心配をかけたら悪いと思って」と言いましたら、「ああ、やっぱりサムライだな」ってこういう風におっしゃったんですね。さっきの千葉さんの映画では、四十七士のお墓にもいらしたんですね。「サムライ」にとても関心があるようですけど、それで三船敏郎さんに、あのポランスキの役をしてもらいたかったんだそうです。時代的には、つくったのは2000年で、三船敏郎さんはもっと前に亡くなってますけれども、そういうアイデアはしょっちゅう山のように持ってらっしゃるんですね。でも私、あの役を三船さんがやったら、本当に面白かっただろうなと思って、あれは日本でつくりたい映画だと言ってらっしゃいました。

　それから、20周年の記者会見の時にワイダさんがおっしゃったことなんですけれども、ワレサでなければ、ワレサが1989年6月4日に勝利を勝ち取ってわれわれが自由でなければ、日本美術技術博物館は絶対に建たなかった、と。ポーランド人民共和国時代の政府の人たちは、アーティストのことを何とも思っていなかった、アーティストの存在などは全く取るに足りないもので、日本が寄付した、私たちが大募金をして寄付したんですけれども、その寄付したお金も、クラクフのどこかの設備の改造費に使われるところだったらしいんですね。それをもう必死で守ってくださったし、日本の大使館もずいぶんよくやってくだ

さったと思うんですけれども、そういう中で、日本美術技術博物館ができたんだっていうことを、私はそれまで知りませんでした。お金を送ったけどもなかなかできないな、っていう風には思ってましたけれども、私たちはただ寄付して後はのんきにしてましたけれども、どのくらいのご苦労があったかということを、今回初めて知りました。本当に大変だったなあと思いました。ポーランドのコモロフスキ大統領の祝辞なんですが、「ポーランド人がどうして日本を好きかというと、日本が文化と伝統から離れずに発展したことにある」って言うんですね。「だからわれわれの考えでは、ポーランド人の日本に対する憧れは、力になる文化および伝統とつながって発展することで、われわれもそうありたいと望んでいる」とおっしゃいました。一番おかしかった祝辞はワレサさんで、ワレサさんは、開館式の時は大統領になったばかりで、祝辞をお述べになったんですけれども、その時はいろんなことを言いました。日本の国のようになりたい、とかそんなようなことをおっしゃって、それは日本でも、ワレサさんがいらっしゃったときにおっしゃったそうですね。でも今回は、あのときは日本って言うよりほかなかった、と。他の国を挙げるわけにはいかなかった、と。もう大爆笑で、通訳の声が私にはほとんど聞き取れませんでした。「20年経って今言いたいことは、ワイダさんありがとうございました、ザフファトヴィチさんありがとうございました、それだけです」。私はその祝辞がとても心に残りましたけれども、とにかくみんな笑ってしまって、祝典はみんなの大笑いのうちに終わりました。

　今日みなさんにアンケートを用意してありますからぜひ書いていっていただきたいんですが、私が今一本あげろと言われたら『パン・タデウシュ物語』ですね。ワイダさんはあれをつくるときに、こんなに楽天的な気分でつくった映画はない、とおっしゃいました。「楽天的につくった」なんて言うと、日本人は、「大変な思いをしてつくった」って言わないと、ぴんと来ないというようなところがあるので、私はその「楽天的につくった」っていうことは日本でなるべく言わない方がいいと言われましたけれども、それは楽天的と言っても、最初は亡命のシーンですからね。最後はあの大ポロネーズになりますけれども、ナポレオンが負けて、やっぱりみんなパリに亡命して、みんな集まって貧しく暮らしている、というそういうつくり方でしたけれど、私はあの映画が大好きですね。ポーランド人のロマン主義という民族性がよく出ていますし、特に詩を、どうやったらああいう風に上手くつくれるのか、詩に加えられた動作の部分まで韻を合わせたそうです。ところが、また言いますけれど、オルブリフスキという素晴らしい俳優が、詩は韻を踏んでいるわけですけれども、説明の部分と詩を合わせるために、いろいろ考えて、舌うちをしたり、足を踏み鳴らしたり、剣を取ったり、そんな風に考えてやったと。つまり、ワイダさんいわく、いかにオルブリフスキが素晴らしい俳優かということなんですが。その時のローマ法王が、ポーランド出身のヨハネ・パウロ二世でいらっしゃいました。で、これをバチカンで上映しました。そのときに見終わった法皇様が「ミツキェヴィチがどんなにおよろこびになるでしょう」と言われたという、これが、ワイダさんにはやはり一番嬉しい言葉だったとお聞きしました。先日、玉三郎が公演先のパリで一日時間が空いたのでワイダさんに会いに行きたいって言いだしたらしいんですね。それで松竹の人が、大竹さんに頼むしかないって、私のところに、玉三郎がワイダさんの家へ遊びに行きたいって言ってると。これを全部久山さんにポーランド語で書いていただいて、常に久山さんに私はお願いしてるんですけれども、おかげさまで玉三郎さんは半日パリからワルシャワへ、ワルシャワで大変楽しい時間を過ごし、クリスティナさんのつくったポーランド料理を食べて、夕方帰ってきた、ということです。空港からワイダ家への送迎も通訳も、みんなワイダさん夫妻が手配してくださいました。ですから、そういう風に日本のことは大好きですし、私たちも行けば本当によくしていただきますけれど、やっぱりワイダさんが好きなのはポーランドで、ポーラ

ンドの中で、一生を終えていく方だと思います。まだ、一生、なんていうのは申し訳ないんですけれども。私はもうできるだけ長く生きていただいて、もうすぐ、来年の3月で89歳です。88歳っていうのは日本ではお祝いするって、米寿の説明もしましたけれど、そういう風にして、米寿も、それから今度は白寿の99歳も、ずっと生きていただいて、ワイダさんにいつまでもお元気でいていただいて、クリスティナさんは四つぐらい年下で84歳ぐらいにおなりなんですが、そう見えませんよね。おふたりは本当に仲の良い素敵なカップルです。私は行く度に、なんてきれいなカップルだろうという風に思います。優しいです。この方たちが一所懸命に毎日物事を真面目になさって。私が日本に帰る日がちょうどクリスティナさんがクラクフの美術アカデミーの教授を退官なさる日でした。「時計もらっちゃった」なんて言って、その時計を見せてくださって、私をわざわざ見送りに来てくださいました。ワイダさんは20周年行事の大変さで心臓の具合がちょっと悪くなって、おいでになれませんでした。私が今こんな風にベラベラしゃべるのはたぶん私が一番最近ワイダさんにお会いした人間だと思うからです。とにかくみなさまどうぞポーランド映画をこれからも愛してください。今岩波さんがお話した『パプーシャ』というのは、女性監督の妻が、近頃クラウゼの作品に加わったんですね。クシシュトフ・クラウゼの作品は、妻のヨアンナが加わったことで、素晴らしくなったんです。ですから女性の力をワイダさんは最近信じはじめて、それで、私がずっとやっておりました東京国際女性映画祭を非常に高く評価して、『カティンの森』も主役は自分のお母さん、女性だから、一番初めに東京国際女性映画祭で上映して、その後、岩波ホールで上映するように、というお手紙をくださいましたので、私はその通りにいたしました。今日は日本の一番の女性監督の羽田澄子さんが、最初からいらっしゃっています。羽田さん、ちょっと立ってください。羽田澄子監督です。

羽田：いや、そんな、偉い監督じゃありません（会場から）。

大竹：偉いと思ってますから。どうぞお座りください。今月19日には今度は羽田さんとふたりで、高野さんや日本の女性監督や世界の女性監督についてお話しすることになっています。ワイダさんは、先ほど久山さんがおっしゃった映画大学で、プロの方を育てる、プロの方が生徒になっている映画大学で今女性監督を育てていて、もうすぐすごくいい女性監督作品ができるから、できたらすぐに送るからね、というような感じで、女性監督に非常に関心を持ってくださってますので、ワイダさんプロデュースの良い作品が出来ることを期待しております。

久山：ありがとうございました。私は今日、千葉先生のドキュメンタリーを見ていて、本木さんのお話を思いだしたんですけれども、ワイダ監督は東京で『地下水道』をやっていたんだなあと。東京での一カ月、特に記録映画のスタッフを締め出して、2人の俳優と通訳と演出家だけですごした濃密な5日間は、彼らにとっての「『地下水道』だった」のだと感じました。本木さんのご講演は「ワイダに教わる」というタイトルでございました。実際に「ワイダに教わった」先輩監督、例えば大島渚や吉田喜重についてのお話がありました。ここで、直接ワイダと関連性がなくてもけっこうですから、せっかくの機会ですから、次回作のことについてお話をお願いします。

本木：次回作の映画はまだ模索しておりまして、今日はこれから京都に戻って、時代劇のテレビの連続ドラマというか。それから今DVDで『超高速！参勤交代』という、アンジェイ・ワイダ作品とは対極にあるような娯楽映画のDVDが出ておりますので、もしよかった

らご興味ある方はぜひレンタルしていただければ、と思っております。

　それから、この二カ月くらい改めて15本を見せていただきました。改めて今思いますのは、本当に大竹さんや岩波さんはじめ、亡くなられた高野悦子さんが、『大理石の男』以降、15本のワイダ作品を、ポーランド映画を、上映してくださったことに僕は敬意を‥‥

大竹：あのね、佐藤先生がおっしゃってくださった『鉄の男』は岩波ホールでは上映できなかったんです。『大理石の男』を上映するまでにワイダ作品は20年も日本での上映がなかったのですけれども、『大理石の男』がヒットしたものですから、『鉄の男』は東宝にいってしまったんです。東宝が、数寄屋橋の映画館で上映しました。

本木：そうなんですか。でもやはり岩波ホールのおかげで、われわれは映画を通じて、ポーランドの歴史や文化も、近世史から現代まで知ることができたわけです。やはり独特の歴史だと思うので、それを知るのと知らないのとでは大きな違いだと思います。後は、やはり同じ監督として、非常に冷静とも言いましたし、先ほど佐藤先生もおっしゃられましたけれども、非常に多角的な視点を持って描く、ということがとても大事だと思います。やはり日本映画が陥りやすいのはですね、非常に歴史的に名を残した人を描こうとするとすぐ美化してしまうんですね。零戦の時の話も、観客の方も美化したものを見ながら自己陶酔する、みたいなところがあるんですけれども、そうではない、事実は事実として冷徹に見ていく、という映画がこれから日本でもつくられるということを願って、僕もそうありたいな、という風に思います。で、そのセンスについては佐藤先生が先ほど、一番最新作の『連帯の男　ワレサ』を見た時、あ、これは『アマデウス』だ、と思ったんですね。擬人化して描いているというか、僕の見た感じでは「スーパーマリオ」みたいな顔してるなあと思って。『アマデウス』は、あんな美しい音楽をつくった人がこんな奇人なの！？っていうところで全世界に興味を持たれた。僕は欧米的感性だなと思うんですけれども、そういうものをやはりワイダ監督は非常によくわかっていて、一介の造船所の労働者がどうやってポーランドの「連帯」の委員長に――そして大統領にまでなっていくんですけれども――ポーランドを代表する人間になったのか。僕は見ていて、とても親近感を覚えまして、そのセンスの良さですね。非常に洗練されたセンスの良さ、これはなかなか日本では使われないです。日本のは偉人伝になってしまうんですね。何か美化しようとするし、観客も美化したものを支持しようとするので、そうではない見方、ものの見方というのを学ばせていただきました。

久山：会場の方、ご質問ありましたらどうぞ。

質問者1：日本ポーランド協会関西センターの置村と申します。今日はどうもありがとうございました。今日ですね、再三パネラーの方から黒澤の話題が出てきたので、黒澤とワイダの比較という点でいっぱい質問したいことがあるんですけれども、時間の関係上ふたつだけ、ということで。ひとつ目は、ジェンダーです。たとえばよく、黒澤は女性を描くのが下手だとか、黒澤映画では女性が描かれていない、少ない、などということが俗に言われていたりしますが、同じようなことをワイダに言う人もいます。たとえば今日、先ほど佐藤先生がですね、たとえば政治で描くことがなくなった時に、とそんな声もあるだとか、あるいは大竹さんは逆に『ヴィルコの娘たち』という作品があるだとか、あるいは『カティンの森』についてワイダは、これは自分の母親に捧げた映画だ、などとおっしゃいました。しかし一方で、女性が描かれていない、あるいは少ない、という声もあります。こ

の点について、先ほど『カティンの森』では触れましたけれども、大竹さんがワイダさんと接する中で、自身の女性の描き方について何か言われたことがあるでしょうか。あるいは、女性映画についてのディレクターをされていた立場から、大竹さんの考えを聞かせていただきたい、というのが第一の質問です。

　第2番目の質問は様式について本木監督に、です。たとえば、ワイダが演劇的な要素、特に映画の中でスモークを多用している、というお話がありました。スモークは本当にそうだな、と思いました。そういう点で黒澤を見ると、ご存知の通り彼は「能」の様式を多用しています。また黒澤は、ほとんどの映画に「風」が描かれています。この「風」についてはいろいろな解釈があり、舞台の効果だとか演出効果だとか、いろいろな声があります。では、短期間に15本もまとめてご覧になった本木監督は、ワイダ映画のスモーク、霧なのか煙なのか、いろいろあると思いますけれども、どういう解釈があるか、についてお聞かせください。

大竹：私は黒澤明監督が女性を軽視している、という風には思っておりません。あまりそういう映画を撮っていらっしゃらない、ということで、女性が出てくる場合は、女性をとても親切に描いていると私は思っています。私は女優の香川京子さんととても親しいのですが、香川さんは黒澤監督の作品に5本も出ているんですね。その香川さんがおっしゃるには、黒澤先生という方は「黒澤天皇」みたいに言われるけれども、私はそんな風に思ったことは一度もない。むしろ、他の監督、名前は挙げませんけれども、だれだれ先生の方がずっと天皇です、と。私から見ると、溝口監督が描いている女性像の方がむしろ問題だという風に、思っております。ワイダさんの映画はたしかに、素晴らしい俳優たちが何しろいっぱいいるものですから、男性の俳優を多用していますけれども、とにかくポーランドの俳優はみんな上手ですから。ですけれども、ワイダさんの映画には、非常に強い女性が出てきますね。第一、ポーランドの女性はすごく美しくて、そして強くて、とても軽視するような存在ではないと思いますね。私は、ワイダさんに関しても、そうは思いません。ただ最近、さきほども申しましたように、私がやっておりました東京国際女性映画祭に大変関心をお持ちになってくださって、世界中にこういう映画祭はないからとにかくまた続けろ、自分がいい作品をこれから送り出すから、と言ってくださったのが、つい10日前のことです。ワイダさんは黒澤先生が大好き、ものすごく尊敬しています。たしかに黒澤監督の作品は女性のアップもあまりありませんし‥‥。でもやっぱり男性の俳優が良すぎるから、というか。でもね、面白いなと思ったのは、黒澤先生は三船敏郎さんと袂を分かちますよね。三船敏郎さんとは組まないで、他の俳優と、ということになったと思うんですけれども。三船さんは、三船プロを作って、あちこちで外国の映画にも出ていましたし、大変ご多忙になってしまったようなこともあって、黒澤先生が三船さんと組むのをおやめになったと思うんですけれど、同じ成城に住んでいらして、三船さんが車に乗って、「黒澤出てこーい」って言って成城の町を走りまわってたそうです。ツィブルスキもね、ワイダさんは4本起用しただけで、その後はずっとツィブルスキを使わなかったんですね。そうしましたらツィブルスキが「ワイダは自分のこと忘れてるんじゃないか」ってこぼしたっていうのを、最近ワイダさんの回想録で読みましたけれど、「そうじゃない、ツィブルスキにふさわしい役がなかったんだ」と。ですから、監督というものは、本木さんがどう思われるか知りませんけれども、自分の気に入った俳優を使って映画をつくるのではなくて、映画にあった俳優を使う、これがワイダさんの原則だと思います。ですから、『パン・タデウシュ物語』を見たときに、ワイダさんの俳優がみんな出てるんですね、アンジェイ・セヴェリンとか、もちろんダニエル・オルブリフスキも、みんな出ているけれども、プショニ

ャクだけ出ていなかった。どうしてプショニャクを使わなかったんですか、って訊いたんです。そうしたら、「プショニャクがやる役がない」って言うんですね。私からみると、そういう役をつくればいいのにって思いますけど、そういう風にはやっぱりお思いにならないものなんだなっていうことがわかりましたので。ワイダさんが女性を軽視しているということは、黒澤先生もあわせて、絶対にないと私は思っております。

本木：はい、では端的に。ワイダの女性に対する演出は黒澤さんより上手いと思います。たとえば『菖蒲』のクリスティナ・ヤンダ。若い男性に何となくせまられて、関係を求められながら心が変化していくところなんかは、とても見事な演出だと思いました。ほとんどそれが後半の話の軸になって。あの年齢で、というと大変失礼ですが、あれで非常にドキドキさせられる演出をされるというのは、すごいもんだと。それから、スモークに関しては、スモークというのは、私のような娯楽映画ですと「画がもたない」時に、バレ隠しとかですね、狭いとこでやってるなっていうのをごまかすためにやるんですけれども、アンジェイ・ワイダ作品の場合は明らかに、戦火の表現、戦争がそこで起こっているという表現であろうという風に思います。

質問者2：佐藤さんのお話の中に「アンジェイ・ワイダは時代と格闘した監督である」という言葉が出ましたが、私は『大理石の男』、『鉄の男』、特に『鉄の男』は時代の変革と同時並行で映画が進んでいくという、まさに「時代と格闘している」作品だと思うんですが、それ以後のワイダさんの「時代との格闘」というのは、今日の話ではほとんど見えてこなかった、という風に思います。特に、ワレサの映画を去年2013年に撮ったのに、1991年の段階であの映画は終わってますから、二十何年間のブランクがあってできている。この二十何年間は、ワイダさんはどうしてたんだろうか、っていうのが、私は最近のワイダさんを本当の意味で知りたいなと。この、今になってワレサを91年の段階で止めるというのは、どういうことなんだろうと、というのが私の質問です。

久山：ひとつの答えは、大竹さんの言われたように、ワイダとワレサの間の関係は映画『ワレサ　連帯の男』に描かれた以後の時代において、複雑になっていきます。ワレサに請われて政界へ行き、その後ワレサ支持派から退くようになるわけですけども、そういうワレサに対して、にもかかわらず歴史的に彼が果たした役割を正当に評価してあげようと、その後のワレサの活動によって、1989年とそれ以前の時代にワレサの行ったことが見えなくなってしまうというのはいけないことなんだ、と。ですから、現代に対して格闘するというよりも、歴史の中でそれなりに位置付ける、正しい場所を彼に与える、ふさわしい場所を彼に与える、というのがワイダさんの意図だと私は思います。

佐藤：ワレサさんは毀誉褒貶いろいろあって、ポーランドでは非常に描きにくい対象であって、今から振り返ってワレサが一番元気だったときのことを称えるだけでも、相当な勇気が要る仕事だったと思います。それじゃだめですか。

大竹：『大理石の男』を最初に、1980年に上映しましたけれども、その後上映した作品の何本かはさかのぼってるんですね。『白樺の林』や『婚礼』、『約束の土地』も『ヴィルコの娘たち』もみんな、さかのぼっています。『大理石の男』のあと、ワイダさんは確かに大変で、フランスで『ダントン』を撮ったり、『悪霊』を撮ったり、ドイツでは『ドイツの恋』も撮ってますし、それと舞台の演出に力を注いでいた時期もあると思います。常にワイダさん

はやっぱりポーランドという国とポーランドの時代というものと共にあった、という風に私は思っています。そしてどうしてもポーランドの国の歴史を後世に残したい、という強い希望がおありになると思います。それには『ワレサ　連帯の男』は欠くことができません。宿願の『カティンの森』をようやく完成させて、『ワレサ』にとりかかったと、私は思っています。何度も何度もシナリオを書き直したと聞いていますので、それで何年もかかってしまったのではないでしょうか。さっき岩波さんが言ったように、監督がお歳を召すと、割合小さいものに、舞台劇のような映画になりがちなんですが、ワイダさんは、『ワレサ　連帯の男』でお分かりになるように、大群衆を使って、ニュース映像も上手にはめこんで、私はあれが素晴らしいと思って、いつも久山さんとそういう風にお話ししています。

田口：それではまだまだ語りたいところもありますし、実はご質問されたいっていう方、いっぱいいるんではないかと思いますが、みなさん時間を気にされて、大変申し訳ありません。しかしながら、いろいろ腹を割った率直なお話をいただきまして、ますますワイダの映画について理解が深まったのではないかなという風に思っております。みなさん大変長い時間どうもありがとうございました。

（録音起こし担当：久堀由衣）

Program konferencji 2014
FORUM POLSKA

Andrzej Wajda

14 grudnia 2014 r.
Astudio (Uniwersytet Aoyama Gakuin)   5-47, Jingumae, Shibuya-ku, Tokio
Organizator: Komitet Organizacyjny FORUM POLSKA
Współorganizatorzy: Instytut Polski w Tokio, Uniwersytet Aoyama Ga kuin
Patronat: Ambasada RP w Japonii
Współpraca: Kino Iwanami Hall, Zrzeszenie Związków Pracowników Japońskich Firm Kolejowych (JR Soren), „Polish Film Festival 2014"

PROGRAM

10:00-10:10	Cyryl KOZACZEWSKI (Ambasador Rzeczypospolitej Polskiej w Japonii) *Otwarcie konferencji*
10:10-10:20	Kōichi KUYAMA (NPO Komitet Organizacyjny FORUM POLSKA) *Wprowadzenie*
10:20-11:05	Tadao SATŌ (Rektor Japońskiego Uniwersytetu Filmowego) *Filmy Andrzeja Wajdy*
11:05-11:15	Zdjęcie pamiątkowe
11:25-12:10	Katsuhide MOTOKI (reżyser filmowy) *Sztuka tworzenia filmów według Andrzeja Wajdy*
12:10-13:00	Przerwa obiadowa
13:00-13:45	Yōko ŌTAKE (koordynator filmowa, była dyrektor Tokijskiego Międzynarodowego Festiwalu Kina Kobiet) *Dzień dobry, panie Andrzeju! – Od* Człowieka z marmuru *do 20-lecia Muzeum* Manggha
13:55-14:55	Shigeki CHIBA (reżyser filmowy) **Nastazja:** *teatr marzeń (1989)*
15:05-15:50	Keiko HOSHINO (scenograf) *Sztuka filmowa i scenografia tworzona przez Andrzeja Wajdę*
16:00-16:45	Dyskusja panelowa: „Szkoła polska" w kinematografii – wczoraj, dziś i jutro Tadao SATŌ, Katsuhide MOTOKI, Yōko ŌTAKE, Ritsuko IWANAMI Moderator: Kōichi KUYAMA
16:50-17:00	Zakończenie konferencji: Mirosław BŁASZCZAK (Dyrektor Instytutu Polskiego w Tokio) Tokimasa SEKIGUCHI (NPO Komitet Organizacyjny FORUM POLSKA)

Prowadzenie spotkania: Masahiro TAGUCHI

Wystawy towarzyszące:
Plakaty filmów Andrzeja Wajdy (w foyer)
Scenografia filmowa i teatralna Andrzeja Wajdy (w sali obrad).

Otwarcie konferencji

Cyryl KOZACZEWSKI
(Ambasador Rzeczypospolitej w Japonii)

Szanowni Państwo,

Mam ogromną przyjemność – już po raz trzeci – uczestniczyć w wydarzeniu FORUM POLSKA, które zawsze porusza tematy ważne z punktu widzenia polskiej tradycji, współczesności oraz relacji polsko-japońskich.

Chciałbym podziękować organizatorom tego znakomitego przedsięwzięcia za zaszczyt zaproszenia mnie do otwarcia seminarium, poświęconego tak ważnej postaci dla współczesnych relacji polsko-japońskich, jakim jest Andrzej Wajda.

Poczytuję sobie za przywilej wprowadzenie Państwa do rozważań na temat dorobku i osiągnięć twórcy, który w sposób wyjątkowy porusza się między dwoma światami: historycznego realizmu i ponadczasowego symbolizmu.

Każde z wybitnych dzieł Andrzeja Wajdy to swojego rodzaju pomnik. W jego twórczości znajdziemy zatem pomnik wystawiony wielokulturowemu dziedzictwu Polski, pomnik powstania warszawskiego, pomnik wolności i solidarności, czy też pomnik pamięci o Katyniu.

W tym roku obchodzimy dwudziestolecie budowy innego, jak najbardziej materialnego pomnika znajdującego się w Polsce. Jest nim muzeum Manggha, które jest symbolicznym świadectwem potencjału relacji polsko-japońskich.

Mam zaszczyt zatem otworzyć niniejsze seminarium, które – w moim przekonaniu – stanowi hołd dla dokonań Andrzeja Wajdy, hołd tym bardziej cenny, że składany przez naszych japońskich przyjaciół. I za ten hołd serdecznie Państwu dziękuję.

Wprowadzenie

Kōichi KUYAMA
(Komitet Organizacyjny FORUM POLSKA)

Serdecznie witam wszystkich Państwa na Konferencji Forum Polska 2014, poświęconej Andrzejowi Wajdzie, a zorganizowanej przez Komitet Organizacyjny NPO Forum Polska przy współudziale Uniwersytetu Aoyama Gakuin oraz Instytutu Polskiego w Tokio.

Zgodnie z japońskim zwyczajem możemy powiedzieć, że pan Andrzej Wajda, urodzony 6 marca 1926 roku, obchodzi w tym roku szczególne bo 88. urodziny, zwane „beiju".
Ponadto, ponieważ pierwszy pełnometrażowy film fabularny Wajdy pod tytułem *Pokolenie* powstał w 1954 roku, więc w tym roku przypada także 60-lecie jego działalności reżyserskiej, czyli japońskie „kanreki" w karierze zawodowej.

Andrzej Wajda w swojej działalności nie ogranicza się wyłącznie do reżyserii filmowej i teatralnej, lecz jest również malarzem i pedagogiem oraz zabiera głos jako publicysta, zwłaszcza w krytycznych dla ojczyzny momentach historycznych. Dokładnie ćwierć wieku temu, w latach 1989-91, gdy w Polsce dokonywały się polityczne i gospodarcze przemiany systemowe, był także senatorem w polskim parlamencie.

Reżyser, który – jak sam twierdzi – w młodości odkrył w sobie artystę przy okazji oglądania wystawy sztuki japońskiej w okupowanym przez Niemców Krakowie, jest propagatorem kultury japońskiej w Polsce i założycielem Muzeum Sztuki i Techniki Japońskiej Manggha, które w tym roku obchodziło jubileusz dwudziestolecia działalności.

Przystępując do tworzenia programu dzisiejszego sympozjum, stanowiącego jubileuszową dziesiątą edycję Konferencji Forum Polska, chciałem przedstawić Państwu pełny obraz tej wielostronnej działalności Andrzeja Wajdy. I tak panowie Tadao Satō i Katsuhide Motoki przybliżą nam jego twórczość filmową, pani Yōko Ōtake opowie o związkach pana Wajdy z Japonią, pan Shigeki Chiba pokaże wyreżyserowany przez siebie film dokumentalny i przybliży nam działalność Wajdy jako reżysera teatralnego, a pani Keiko Hoshino przedstawi na slajdach jego twórczość scenograficzną.

Chcielibyśmy również, aby dzisiejsze sympozjum stanowiło okazję do zaprezentowania historii osobistych kontaktów japońskich przyjaciół z polskim reżyserem.

Pan Tadao Satō wiernie towarzyszył twórczości Andrzeja Wajdy, regularnie publikując recenzje z jego filmów począwszy od drugiej połowy lat 50. XX wieku, gdy zaczęto wyświetlać te filmy na ekranach japońskich kin. „Nowa fala" w japońskiej kinematografii została wypromowana dzięki młodym reżyserom z Nagisą Ōshimą na czele, debiutującym w wytwórni filmowej Shōchiku, oraz właśnie dzięki panu Satō – redaktorowi miesięcznika „Krytyka Filmowa (Eiga Hyōron)"; wszyscy oni byli świadomi swej przynależności do tej samej generacji, co Andrzej Wajda. Pan Satō wielokrotnie spotykał się osobiście z Andrzejem Wajdą. Dziś w swoim wystąpieniu przedstawi nam całokształt twórczości filmowej pana Wajdy. Osobiście mam nadzieję, że ukaże się kiedyś zbiór wszystkich recenzji jego autorstwa na temat twórczości Wajdy lub monografia poświęcona kinematografii polskiej.

Pani Yōko Ōtake, która wraz z panią Etsuko Takano aktywnie uczestniczyła w japońskim ruchu popularyzacji kinematografii „Equipue de cinéma", jest osobą wielce zasłużoną dla powstania Muzeum Manggha.

Pan Shigeki Chiba przez cały miesiąc towarzyszył z kamerą Andrzejowi Wajdzie podczas realizacji spektaklu w tokijskim teatrze, w wyniku czego powstał pasjonujący film dokumentalny pt.: „*Nastazja:* teatr marzeń".

Według najnowszych informacji uzyskanych od pana Takashiego Beppu, reżysera powstającego właśnie filmu dokumentalnego dla telewizji satelitarnej o Wajdzie – pedagogu, w umyśle reżysera dojrzewa obecnie koncepcja filmu biograficznego o pewnym polskim malarzu (prawdopodobnie chodzi o Andrzeja Wróblewskiego, wspomnianego w filmie *Wszystko na sprzedaż*).

Zapewne jeszcze nie pora, aby podsumowywać, a tym bardziej wspominać z sentymentem twórczość artysty, który dalej prowadzi aktywną działalność w różnych dziedzinach. Wychodząc z tego założenia, wpadłem na pomysł, żeby zaprosić do dyskusji aktualnie działających japońskich twórców filmu i teatru, nawet niezwiązanych osobiście z Andrzejem Wajdą, i zapytać ich, co sądzą o polskim starszym koledze. Z tego powodu zaprosiłem do udziału w konferencji pana Katsuhide Motoki, jednego z wiodących reżyserów japońskich, oraz panią Keiko Hoshino, dydaktyka i scenografkę o bogatym dorobku artystycznym. Poprosiłem ich o podjęcie nowej dla nich tematyki twórczości Andrzeja Wajdy.

Moim zdaniem pewne wspólne cechy łączą filmografie panów Wajdy i Motokiego, a jest to elastyczność tematyczna. Jestem niezwykle ciekaw, co nam opowie twórca filmu *Superszybki! Przemarsz samurajów do Edo (Chō-kōsoku! Sankin-kōtai)* na temat autora *Kanału*.

Pan Andrzej Wajda podarował członkom Związków Zawodowych Kolei JR sto rysunków i szkiców w podzięce za ich znaczny datek na rzecz budowy Muzeum Manggha. Pani Hoshino wybrała z nich 12 najbardziej reprezentatywnych dzieł i przygotowała wykład o Wajdzie – scenografie. Pragnę nadmienić, że wystawa owych 12 oryginalnych obrazów reżysera została urzeczywistniona dzięki życzliwości Związków Zawodowych JR.

Pragnę również zawiadomić Państwa, że wczoraj zainaugurowano dwa ważne wydarzenia związane z promocją kinematografii polskiej w Tokio: w oddalonym stąd zaledwie o 500 metrów kinie Image Forum rozpoczęła się druga część Festiwalu Filmu Polskiego 2014, a w kinie Iwanami Hall, do którego można dojechać metrem w 10 minut, rozpoczęto projekcję filmu *Chce się żyć*. Zachęcam Państwa do wzięcia udziału w tych pokazach.

Dzięki życzliwości kina Iwanami Hall udało nam się zorganizować towarzyszącą tej konferencji wystawę 15 plakatów do filmów Andrzeja Wajdy. Po zakończeniu pięciu prezentacji zaplanowana jest też dyskusja panelowa, w której weźmie udział m.in. pani Ritsuko Iwanami, dyrektor Iwanami Hall. Panie Ōtake i Iwanami dopiero co wróciły z uroczystości XX-lecia Muzeum Manggha i zapewne podzielą się z nami swoimi wrażeniami. Uwaga! Po dyskusji będzie niespodzianka – pokaz fragmentu filmu *Przekładaniec*, który dzięki uprzejmości obu pań został nam przekazany przez samego reżysera.

Na zakończenie chciałbym jeszcze złożyć najserdeczniejsze podziękowania państwu Krystynie i Andrzejowi Wajdom, którzy z dalekiej Polski z zainteresowaniem i uwagą śledzą przebieg przygotowań do naszej konferencji (ostatni mail od nich dotarł do mnie dziś o świcie). Dziękuję także panu ambasadorowi Cyrylowi Kozaczewskiemu, który zgodził się wystąpić ze słowami otwierającymi obrady oraz całej załodze kina Iwanami Hall, która wspierała nas w organizacji dzisiejszego wydarzenia, zwłaszcza pani Yōko Ōtake, byłej dyrektor programowej Iwanami Hall.

Życzę państwu dużo bogatych wrażeń podczas prelekcji i projekcji filmowych.

Filmy Andrzeja Wajdy

Tadao SATŌ
(krytyk filmowy, rektor Japońskiego Uniwersytetu Filmowego)

Satō Tadao, krytyk filmowy i rektor Japońskiego Uniwersytetu Filmowego, zaprezentował fragmenty dwóch filmów z wczesnego okresu twórczości Andrzeja Wajdy: *Kanał* (1956) oraz *Popiół i diament* (1958). Na przykładzie końcowych scen tych obrazów, profesor Satō omówił szczególne cechy artyzmu polskiego reżysera oraz znaczenie jego dzieł dla polskiego i światowego kina.

Ponieważ wystąpienie było skierowane do japońskiej publiczności, profesor Satō przedstawił dość obszernie historyczny kontekst produkcji obu filmów: powstanie warszawskie oraz wprowadzenie władzy komunistycznej w Polsce. Nakreślił tło tragicznych losów akowców, których symbolem stał się Maciek Chełmicki – bohater *Popiołu i diamentu* (w tej pamiętnej roli wystąpił Zbigniew Cybulski). Profesor Satō objaśnił ukryte znaczenie sceny, w której dwoje dogorywających powstańców w *Kanale* spogląda przez zakratowany otwór na drugą stronę Wisły. Dla każdego Polaka, który w latach 50. oglądał film oczywiste było, że to rozpaczliwe spojrzenie kierowało się ku Armii Czerwonej, która ze względów strategicznych nie śpieszyła z pomocą walczącej Warszawie. Tragiczne napięcie potęgował fakt, że armii tej towarzyszyły oddziały złożone z Polaków zwerbowanych w Związku Radzieckim. Profesor Satō naświetlił złożoną sytuację z punktu widzenia dwóch stron: żołnierzy Polski Podziemnej oraz dowództwa Armii Czerwonej.

Z kolei w przypadku *Popiołu i diamentu* istotne jest to, że przyjęcie z fałszywie zagranym polonezem pokazane w filmie odbywa się z okazji kapitulacji Trzeciej Rzeszy i ma symbolizować zgodę narodową, równie nieudaną jak źle zagrana muzyka. Końcowa scena *Popiołu i diamentu* została skomponowana w taki sposób, aby komunistyczna cenzura widziała w niej porażkę żołnierzy Polski Podziemnej. Film mógł przejść przez sito cenzury, ponieważ Maćka przedstawiono w nim jako terrorystę, którego spotyka tragiczny koniec. Jednocześnie scena ta niosła w sobie ukryte przesłanie dla publiczności, która mogła identyfikować się z umierającym bohaterem: przesłanie niedocenionego patriotyzmu. Polacy płakali po cichu nad losem Maćka, nawet jeżeli niekoniecznie uważali go za swojego bohatera.

Szersze tło powstania obu wczesnych filmów Wajdy to polityczna odwilż w bloku wschodnim po śmierci Józefa Stalina (1953) oraz słynnym przemówieniu Nikity Chruszczowa wygłoszonym w 1956 roku. Profesor Satō przypomniał też mowę Mao Zedonga z tego samego roku, w której chiński dyktator obiecywał pluralizm, wolność myśli i wypowiedzi posługując się cytatem z rodzimej klasyki: „Niech rozkwita sto kwiatów, niech współzawodniczy sto szkół". Wybitny chiński aktor i reżyser Shi Hui (1915-1957) nieopatrznie zawierzył tej obietnicy; w rezultacie został potępiony przez Komunistyczną Partię Chin jako „element prawicowy" i popełnił samobójstwo. Jego przypadek to jeden z dowodów na to, że reforma systemu politycznego nie dokonuje się z dnia na dzień. To, że Wajda w 1956 roku w Polsce mógł nakręcić film, w którym „elementy prawicowe" (powstańców, akowców) pokazano jako patriotów zaskoczyło wielu zagranicznych obserwatorów.

Kanał Wajdy przyjęto w Japonii ze zdziwieniem, zarówno w kontekście wydarzeń w Chińskiej Republice Ludowej, jak i lewicowych sympatii młodej inteligencji japońskiej. W latach 1950. wielu młodych Japończyków było zafascynowanych komunizmem, który wydawał im się jedyną siłą zdolną przeciwstawić się systemowi panującemu w Japonii [opartemu na dominacji konserwatywnej Partii Liberalno-Demokratycznej oraz ścisłym sojuszu ze Stanami

Zjednoczonymi – przyp. IM]. Dzięki filmom Wajdy młodzi Japończycy mieli okazję dowiedzieć się, że w krajach socjalistycznych również występują problemy i że są one otwarcie wyrażane. Była to dla tej lewicującej młodzieży niezwykła nowość. Krytyka komunizmu została później podjęta przez Wajdę w *Człowieku z marmuru* (1976) i *Człowieku z żelaza* (1981). Wajda wykorzystał maksymalnie ten zakres wolności wypowiedzi, który stał się możliwy po odwilży politycznej zapoczątkowanej przez Chruszczowa. Zrobił to pomimo cenzury, niekiedy bardzo surowej. Stworzył dzieła o niezwykłej sile wyrazu. Pokazał światu, w tym Japończykom, że w krajach socjalistycznych istnieją opinie krytyczne wobec panującego systemu. Przekazał też doświadczenie bardziej uniwersalne, które stało się udziałem Japończyków z pokolenia profesora Satō: poczucie bycia zdradzonym przez państwo.

W filmach Wajdy przedstawione są skomplikowane stosunki międzyludzkie: bohaterowie są patriotami, ale także ludźmi z krwi i kości. Reżyser podejmuje wątki związane z polską heroiczną tradycją, ale ma do niej krytyczny stosunek. Tylko jedna dziewczyna spośród bohaterów *Kanału* jest postacią heroiczną w czystym sensie tego słowa. Wyjątkowość omawianych filmów Wajdy polegała m. in. na tym, że pokazywał antykomunistycznych bohaterów jako patriotów, ale ich nie idealizował. W scenach tragicznych, takich jak śmierć Maćka w filmie *Popiół i diament* można znaleźć także szczyptę komizmu, ironii. Ten ironiczny dystans do heroizmu, obecny również w późniejszych dziełach najbardziej znanego polskiego reżysera (np. w filmie *Popioły* z 1965 r., gdzie heroizm zostaje wykorzystany przez władzę) przyczynił się do wielkiej siły przekazu filmów Andrzeja Wajdy. Jest on jednym z reżyserów, którzy stworzyli polską szkołę filmową: zjawisko bardzo interesujące właśnie ze względu na owo szczególne połączenie heroizmu i komizmu.

Iwona Merklejn

Sztuka tworzenia filmów według Wajdy

Katsuhide MOTOKI
(reżyser filmowy)

Szanowni Państwo, nazywam się Katsuhide Motoki, na co dzień pracuję w wytwórni filmów Shōchiku jako reżyser filmowy. Jestem z roku 1963, a do wytwórni Shōchiku dołączyłem w 1987 r., czyli w okresie, w którym w japońskich kinach pokazywano *Biesy* Andrzeja Wajdy. Sądziłem, że naprawdę niewiele mnie łączy z polskimi filmami. Jednak wszystko się zmieniło, gdy zadzwoniła do mnie pani Yōko Ōtake, która dzisiaj po południu będzie także miała wystąpienie. Pani Ōtake bardzo mnie wspierała przy moim debiutanckim filmie, a dzwoniąc do mnie najpierw powiedziała, że na pewno znam filmy Andrzeja Wajdy, a potem zapytała: „Zgodzi się pan powiedzieć parę słów na takim jednym spotkaniu?" i nie mogąc powiedzieć „nie", znalazłem się właśnie przed Państwem...

Starałem się przypomnieć Andrzeja Wajdę obecnego w moich doświadczeniach. Dzisiaj chciałbym Państwu opowiedzieć o moich odczuciach i wrażeniach związanych ze sztuką i techniką reżyserską Andrzeja Wajdy. Moja praca przy tworzeniu filmów rozpoczęła się w 1987 r., gdy gospodarka japońska była w okresie tzw. bańki spekulacyjnej. To właśnie wtedy wytwórnia filmowa Shōchiku poszukiwała drugiego reżysera po raz pierwszy od 17 lat. Dzięki tej okazji stałem się drugim reżyserem w tej wytwórni i pracuję już dla niej blisko 25 lat. Głównie zajmowałem się przyswajaniem zawodu drugiego reżysera, np. reagując na polecenia w rodzaju „nie chodź, biegnij, stój, nie siadaj, wstań" albo stwierdzając, że coś jest czarne wedle uznania reżysera, nawet jeśli w rzeczywistości ów przedmiot był biały.

Przypadkiem przyszło mi pracować przy filmie *Hei no naka no korinai menmen* (*Wytrwałe mordy za kratami*) w reżyserii pana Morisakiego. Pierwszymi przez niego wypowiedzianymi słowami były „Ty, Motoki! Widziałeś *Kanał* Andrzeja Wajdy?" i dalej: – „Tak właśnie zrobimy!" Rzeczywiście, kiedyś widziałem ten film, nawet obejrzałem go po raz kolejny na kasecie wideo VHS i zacząłem się zastanawiać, który fragment tego filmu miałby odpowiadać *Kanałowi*? Pan Morisaki użył niezwykle symbolicznej przenośni. Przypuszczam, że chodziło o porównanie obu ograniczonych przestrzeni; opowieść o ludziach osadzonych w więzieniu trwająca prawie 2 godziny w jakiś sposób może odnosić się do ludzi uwięzionych w ograniczonej przestrzeni walczących o wolność. Być może to miało być odniesienie do filmu Andrzeja Wajdy, choć wciąż nie jestem tego pewien...

W każdym razie, przy okazji tego wystąpienia miałem okazję raz jeszcze obejrzeć *Kanał*. Teraz sądzę, że Andrzej Wajda jako reżyser przyswoił wszelkie techniki stosowane przez reżyserów filmów komercyjnych; można powiedzieć, że pracuje wręcz w sposób hollywoodzki. Często przy tworzeniu scenariuszy filmowych mówi się o tym, że w ciągu pierwszych 10 minut należy dać widzowi odczuć wszystkie sytuacje i sceny, choć nie w postaci bezpośredniego wywodu. Chodzi po prostu o zanurzenie widza w filmie. Jest to, można powiedzieć, podstawa tworzenia scenariusza. Początek *Kanału* jest wierny tej regule.

Pod względem technicznym, mogę to dodać od siebie, ta pierwsza scena jest nagrana w zasadzie jednym ujęciem. Od szerokiego kąta obejmującego wzniesienie do zbliżenia na poszczególnych żołnierzy, kamera cały czas przesuwa się ruchem ślizgowym. Pokazuje bohaterów filmu i śledzi ich ruchem ślizgowym przyciągając w ten sposób uwagę widzów.

W przypadku wcześniej wspomnianego reżysera, Azumy Morisakiego, jego starszy brat, który podobno był oficerem Cesarskiej Armii Japońskiej, nazajutrz po zakończeniu wojny popełnił samobójstwo na plaży na Kiusiu. Pan Morisaki widział zwłoki i zapewne stwierdził, że właśnie to jest dla niego punkt wyjścia. Dlaczego starszy brat musiał umrzeć, co wtedy czuł? On wciąż tego nie wie. Myślę, że jego osobiste doświadczenia wojenne i historia represji, którą odczuwał i pokazywał pan Wajda, mogły się na siebie nałożyć.

Reżyserując scenę pochodu podziemnym kanałem, pan Wajda umieścił w tle płonący ogień. Tego rodzaju wyrazisty zabieg reżyserski zostaje jednak zastosowany ze smakiem, dlatego nie jest nachalny, a wręcz daje obraz niezwykle realistyczny. Myślę, że jest to jedna z rzeczy, z których powinniśmy wziąć przykład.

Trzeba też dodać, że ostatnia scena *Popiołu i diamentu*, w której Maciek grany przez Zbigniewa Cybulskiego, zostaje wielokrotnie postrzelony, walcząc z cierpieniem stawia kroki i w końcu pada w białym prześcieradle, była naśladowana w wielu japońskich filmach. Tak naprawdę, gdy człowiek zostaje postrzelony z pistoletu, nie ma tyle czasu, od razu traci przytomność. Podobno traci najpierw wzrok, a potem bardzo szybko przytomność. Nie wiem, czy to konsekwencje reżyserii Andrzeja Wajdy, ale chciałbym teraz Państwu pokazać scenę z *Popiołu i diamentu*, w której człowiek postrzelony z broni palnej przez bardzo długi czas pozostaje przy życiu, choć w straszliwym cierpieniu i w końcu umiera.

> W trakcie projekcji:
> Niezwykły jest sposób uchwycenia postaci i budynku. Zarówno zbliżenie, jak i tło jest robi wrażenie bardzo głębokiego obrazu. Ten wzór ukazuje się jako odbijający się cień światła, a potem słychać kroki, które wprowadzają widza w ten świat. To jest niezwykle efektowny obraz. Świadome wykorzystywanie cienia, zimny pot bohatera w dramatycznej sytuacji – to wszystko jest ukazywane w bardzo krótkich ujęciach montowanych z dobrym rytmem. W ten sposób widz jest prowadzony do punktu kulminacyjnego filmu, czyli do sceny morderstwa. W tym filmie jest wszystko, co jest solidną podstawą filmów rozrywkowych. Motywem przecież nie był pomysł „o, a teraz pójdę zabić", tylko przypadek, który spowodował, że bohater został poczęstowany alkoholem, napił się i w końcu wyszedł na zewnątrz. Ten fragment też wydaje mi się bardzo przemyślany.

Postrzegam Andrzeja Wajdę nie tylko jako reżysera, ale także jako malarza i pisarza. Jeśli chodzi o jego filmy, to z pewnością jest to reżyser o niezwykłych profesjonalnych umiejętnościach. Począwszy od filmów jeszcze z lat 50. ubiegłego stulecia po zeszłorocznego *Wałęsa. Człowiek z nadziei*, a także *Katyń*, który bardzo mnie poruszył – to są filmy, które są wyraziste i wyreżyserowane z duchem czasu. Myślę, że w dużej mierze zależy to od wrażliwości samego reżysera, ale podejrzewam też, że za każdym razem potrafi zebrać najlepszych współpracowników i rzemieślników, których umie zachęcić do owocnej współpracy.

Ale w filmie liczą się nie tylko umiejętności. W tworzeniu filmów istotną rolę odgrywa pasja. Silne przywiązanie do pewnych idei, przywiązanie do wizji pokazania określonych obrazów. Myślę, że jest to osoba mająca takie przywiązanie do urzeczywistniania swoich wizji.

Andrzej Wajda musi być bardzo opanowanym człowiekiem. Można powiedzieć, że zawsze zachowuje prawidłowy dystans do opisywanego obiektu, opisuje go chłodno, bez emocji. Myślę, że Andrzej Wajda nie przemija, ponieważ potrafi opowiedzieć nawet trudną dla niego historię bez odwoływania się do osobistych emocji. Dobrym przykładem jest niedawny film *Katyń*, który został dedykowany ojcu Andrzeja Wajdy. Nie tylko jego ojciec, ale 13 tys. innych polskich oficerów zostało zamordowanych przez Rosjan, a Polska znajdując się między dwoma mocarstwami, Rosją i Niemcami, cały czas była narażona na inwazję. Tę osobistą historię Andrzej Wajda potrafił opowiedzieć z dsytansem do własnych emocji.

Historie opowiadane przez Wajdę obejmujące okres przedwojenny, drugą wojnę światową, „Solidarność", późniejsze represje i w końcu dylematy społeczeństwa, które tak bardzo pragnęło wolności. Oglądam je wszystkie z ogromnym wzruszeniem.

Historia Polski, w której czasem społeczeństwo się odwracało, a czasem wybrane osoby się od niej odwracały, była niezwykle trudna. Zastanawiam się, czy obecni japońscy dokumentaliści byliby w stanie w taki sam sposób spojrzeć na współczesną Japonię i opisać ją takim suchym spojrzeniem. Osobiście uważam, że jest to także dla mnie lekcja; raz jeszcze powinienem się zastanowić jak patrzeć na obraz, który tworzę.

Na koniec chciałbym jeszcze przedstawić Państwu jeden fragment z *Ziemi obiecanej*. To będzie ilustracja ulubionej techniki Andrzeja Wajdy, czyli ruchu ślizgowego.

Ta scena jest pod względem reżyserskim bardzo wymagająca. Na scenie tańczony jest balet, a kamera musi nakręcić reakcję widzów tego przedstawienia. Myślę, że gdyby to wszystko opowiedzieć na poważnie, zajęłoby ok. 10 dni; pokazanie wszystkich tych relacji zajęłoby naprawdę dużo czasu. Sztuka reżyserii w tym miejscu polega jednak na tym, że po prostu czuje się relacje między mężczyznami a kobietami bez dodatkowych dialogów. Uważam, że ten fragment reprezentuje bardzo wysoki poziom reżyserii. Tak na marginesie dodam, że w ok. 52. min. widać w kadrze szyny ułożone dla wózka z kamerą. Dla zachowania honoru Andrzeja Wajdy nie pokażę Państwu tego fragmentu, ale gdy to zobaczyłem od razu pomyślałem, że musi on naprawdę lubić ruch ślizgowy kamery, dzięki któremu może przemieszczać się i pokazać całą scenę.

Dziękuję bardzo za uwagę.

Streszczenie: **Grażyna Ishikawa**

„Dzień dobry, panie Andrzeju!"
- Od *Człowieka z marmuru* do 20-lecia Muzeum Manggha -

Yōko ŌTAKE
(koordynator filmowa,
była dyrektor Tokijskiego Międzynarodowego Festiwalu Kina Kobiet)

W swoim wystąpieniu Yōko Ōtake podzieliła się wspomnieniami oraz informacjami dotyczącymi jej długoletnich kontaktów z Andrzejem Wajdą i jego dziełami filmowymi, szczególnie tymi, które były prezentowane w kinie studyjnym Iwanami Hall, mieszczącym się w tokijskiej dzielnicy Chiyoda. Iwanami Hall może poszczycić się rekordową liczbą wyświetlonych tytułów (15 filmów) i bez przesady można powiedzieć, że kino to odegrało wiodącą rolę w popularyzacji twórczości Andrzeja Wajdy w Japonii.

Tytuł wystąpienia Yōko Ōtake nawiązuje do pamiętnego dla prelegentki, pierwszego spotkania z polskim reżyserem. Nastąpiło ono latem 1980 roku, kiedy Andrzej Wajda wraz z małżonką odwiedził Japonię na zaproszenie Iwanami Hall z okazji prezentacji filmu *Człowiek z marmuru*. Prelegentka przygotowała się do powitania reżysera po polsku tytułowymi słowami: „Dzień dobry, panie Andrzeju!" jednak nie miała odwagi ich wypowiedzieć w bezpośrednim zetknięciu z człowiekiem nieprzystępnym i surowym, jakim wydał jej się wtedy Andrzej Wajda. Atmosfera polityczna tamtych czasów nadała ton pierwszym kontaktom obu stron. Był to okres pełen napięcia politycznego, już wkrótce miały się rozpocząć historyczne strajki w Stoczni Gdańskiej, a reżyser był zaangażowany w działalność opozycji. Na zorganizowaną w Tokio konferencję prasową stawiła się bardzo duża liczba dziennikarzy. Właśnie wtedy, kiedy w Polsce miały miejsce narodziny ruchu „Solidarność", w tokijskim kinie Iwanami Hall wyświetlano *Człowieka z marmuru* i było to wydarzenie bezprecedensowe.

Yōko Ōtake przedstawiła pokrótce kolejne filmy Andrzeja Wajdy, wyświetlane na przestrzeni 34 lat w kinie Iwanami Hall. Ilustrując swój wywód slajdami, nawiązywała niejednokrotnie do okoliczności powstania filmów lub procesu ich prezentacji w Japonii. Kolejno były to następujące tytuły: *Człowiek z marmuru*; *Ziemia obiecana*; *Danton*; *Brzezina*; *Kronika wypadków miłosnych*; *Biesy*; *Korczak*; *Wesele*; *Pierścionek z orłem w koronie*; *Wielki Tydzień*; *Panny z Wilka*; *Pan Tadeusz*; *Katyń*; *Tatarak* oraz *Wałęsa. Człowiek z nadziei*.

Yōko Ōtake jako przedstawicielka Iwanami Hall brała aktywny udział w procesie prezentacji dzieł Wajdy w Tokio. Z każdym z tytułów wiążą się różne informacje i wspomnienia. Na przykład w przypadku filmu *Korczak,* w japońskiej wersji tytułu z inicjatywy prelegentki do nazwiska głównego bohatera dodano wyraz *sensei*, który jest powszechnie używanym określeniem honoryfikatywnym dla nauczyciela, mistrza, przewodnika duchowego. Określenie to idealnie pasuje do postaci Korczaka, wykreowanej w filmie przez Wojciecha Pszoniaka. Natomiast projekcja *Biesów* w Iwanami Hall na prośbę dystrybutora firmy Shōchiku został przyspieszona o pół roku i skoordynowana z pamiętnym spektaklem *Nastazja* według Dostojewskiego, reżyserowanym przez Andrzeja Wajdę w Tokio z udziałem aktora teatru kabuki Tamasaburō Bandō. W ten sposób udało się zaprezentować Andrzeja Wajdę jednocześnie jako reżysera filmowego i teatralnego.

Pani Ōtake z sympatią i uznaniem wyrażała się o aktorach, grających w filmach Andrzeja Wajdy, począwszy od Krystyny Jandy, pamiętanej w Japonii jako „dziewczyna w dżinsach" z filmu *Człowiek z marmuru*. Wysoko oceniła kreację aktorską Jandy w filmie *Tatarak*. Przyznała również, że od lat jest gorącą wielbicielką Daniela Olbrychskiego i podzieliła się kilkoma epizodami, związanymi z aktorem. Wyraziła uznanie dla Wojciecha Pszoniaka, przede wszystkim za jego kreacje aktorskie w *Korczaku* i *Wielkim Tygodniu*.

Jak zaznaczyła prelegentka, wielu specjalistów (w tym np. reżyser Elia Kazan), uważa, że najwybitniejszym dziełem Andrzeja Wajdy jest *Wesele* – obraz, który jednak dla japońskiej publiczności był stosunkowo trudny w odbiorze, ze względu na głębokie osadzenie dzieła w kulturze i historii Polski. Prelegentka wspominała, z jakim szacunkiem reżyser odnosił się do Stanisława Wyspiańskiego, twórcy sfilmowanego przez niego dramatu, co miała okazję zaobserwować podczas pobytu Wajdy w Japonii.

Nieodmiennie wielkie zainteresowanie budzą w Japonii filmy związane ze współczesną historią Polski. Niedawne projekcje filmów takich jak *Katyń* oraz *Wałęsa. Człowiek z nadziei* są tego doskonałym przykładem. Yōko Ōtake zacytowała opinię reżysera: postać Lecha Wałęsy może budzić sprzeczne opinie, jednak jedno jest pewne: bez niego nie byłoby „Solidarności", a bez „Solidarności" nie byłoby dzisiejszej Polski. Gdyby w Polsce nie zaszły wielkie zmiany, nie powstałoby również krakowskie Muzeum Sztuki i Techniki Japońskiej Manggha – dodała prelegentka. Przypomniała, że w odpowiedzi na kampanię zorganizowaną przez Andrzeja Wajdę ponad 130 tysięcy Japończyków złożyło swoje datki na budowę tej unikalnej placówki. Istotny wkład wniosły również związki zawodowe JR Higashi Nihon, przy tym aktywny udział w zbiórce funduszy brała Etsuko Takano, długoletnia dyrektorka Iwanami Hall.

Muzeum Manggha początkowo nosiło nazwę Centrum Sztuki i Techniki Japońskiej Manggha, dopiero później uzyskało status państwowej instytucji kultury, a następnie stało się placówką muzealną i przejęło „japońskie" zbiory Muzeum Narodowego w Krakowie. Te zmiany z pewnością ułatwiły proces zarządzania placówką. Yōko Ōtake wspomniała również o fascynacji Andrzeja Wajdy sztuką japońską i źródłach tego zainteresowania.

Prezentowany w Tokio film *Wałęsa. Człowiek z nadziei* stał się inspiracją do powstania 20 krótkich wierszy *tanka*. Ich autorka, Izumi Kasuga na zaproszenie prelegentki wystąpiła przed zgromadzoną na Konferencji widownią i wyrecytowała 10 z nich.

Dalsza część wystąpienia Yōko Ōtake zawierała komentarze do 27 zdjęć, wyświetlanych na ekranie w formie slajdów. Jak powiedziała sama prelegentka, ta „gawędziarska" część jej wystąpienia miała przybliżyć uczestnikom konferencji postać Andrzeja Wajdy, który dawno przestał być w jej oczach osobą surową i nieprzystępną, a nawet stał się kimś bliskim, darzonym wielką sympatią.

Najstarsze zdjęcia pochodziły z początku lat 80., zostały zrobione m.in. podczas pierwszej wizyty dyrekcji Iwanami Hall w Polsce. Slajd nr. 6 to zdjęcie wykonane w 1987 roku podczas ceremonii wręczenia Andrzejowi Wajdzie Nagrody Kioto. Slajd 7 predstwia ceremonię poświęcenia ziemi pod budowę Centrum Manggha, w której obok duchownego katolickiego wziął udział japoński kapłan sintoistyczny. Kolejne zdjęcia dokumentowały proces powstawania Mangghi; jedno z nich przedstawiało Feliksa Jasieńskiego, wielbiciela i pierwszego w polsce kolekcjonera sztuki japońskiej. Na slajdach pojawili się wielokrotnie państwo Wajdowie. Np. slajd nr. 15 przedstawiał salonik w ich domu z wyeksponowanym na ścianie obrazem olejnym, namalowanym w młodości przez Krystynę Zachwatowicz-Wajdę, o której prelegentka mówiła z ogromnym uznaniem i sympatią. Slajd 20 przestawia państwa Wajdów w towarzystwie Etsuko Takano, podczas jej ostatniego pobytu w Polsce. Na jednym z końcowych zdjęć państwa Wajdowie zostali uwiecznieni w pawilonie herbacianym, znajdującym się na terenie Muzeum Manggha.

Reasumując, można powiedzieć, że poprzez bogaty materiał zdjęciowy, opatrzony przystępnym komentarzem i wieloma osobistymi uwagami Yōko Ōtake nie tylko zaprezentowała historię długoletnich kontaktów Iwanami Hall z Andrzejem Wajdą, ale także pozwoliła uczestnikom Konferencji poczuć się tak, jakby sam Reżyser był z nimi na sali.

Renata Sowińska-Mitsui

Program telewizyjny „*Nastazja*: teatr marzeń" (1989)

Shigeki CHIBA
(reżyser filmowy)

Reżyser filmowy i telewizyjny Shigeki Chiba pokazał swój film dokumentalny, zrealizowany z okazji 25. rocznicy założenia telewizji Terebi Tokyo oraz omówił okoliczności jego powstania. Tematem filmu jest niezwykły polsko-japoński epizod w twórczości teatralnej Andrzeja Wajdy. Dokument nosi tytuł „*Nastazja*: teatr marzeń" i przedstawia przygotowania do spektaklu teatralnego *Nastazja* na podstawie *Idioty* Fiodora Dostojewskiego w reżyserii Andrzeja Wajdy, z udziałem aktora japońskiego teatru kabuki Tamasaburō Bandō. Premiera spektaklu odbyła się w 1989 r. w Tokio. Niezwykłość przedsięwzięcia polegała nie tylko na tym, że polski reżyser, z pomocą tłumacza, przygotował spektakl w nieznanym sobie języku japońskim na podstawie powieści z kanonu rosyjskiej klasyki. Marzeniem Wajdy było, aby obsadzić w podwójnej roli Nastazji i księcia Myszkina słynnego aktora *onnagata* – specjalistę od wcielania się w postacie kobiet. Chiba został poproszony przez telewizję o pomoc w realizacji tego marzenia, prawdopodobnie dlatego, że wcześniej na zlecenie japońskiego Ministerstwa Spraw Zagranicznych realizował serię „Mosty rozwieszone po świecie" (Sekai ni kakeru hashi) i miał duże doświadczenie w pracy za granicą.

Shigeki Chiba wyjaśnił, że w realizacji telewizyjnego filmu dokumentalnego były dla niego ważne cztery elementy. Pierwszy z nich streszcza się w słowach: „nadzieja i niepokój". Produkcję planowano początkowo na marzec 1989 r. Chiba zapoznał się z dorobkiem filmowym polskiego reżysera i zaproponował rozpoczęcie zdjęć do programu w Polsce, jednakże Wajda odmówił przyjęcia japońskiej ekipy telewizyjnej w Warszawie. Dał do zrozumienia, że jej obecność utrudni mu bieżącą pracę oraz że umowa z Terebi Tokyo, która sponsorowała jego wspólne przedsięwzięcie z gwiazdą teatru kabuki obowiązuje go od momentu wylądowania w Japonii. Realizacja programu rozpoczęła się więc w styczniu 1989 r., kiedy Wajda przybył do Japonii wraz z żoną Krystyną Zachwatowicz, która jako scenograf i kostiumolog od lat wnosi istotny wkład w jego inscenizacje.

Drugi element, na którym skoncentrował się Chiba to „Wajda a Dostojewski". Wajda wyjaśnia w wywiadach swoją fascynację twórczością rosyjskiego pisarza. Według polskiego reżysera Dostojewski to prorok, który przewidział współczesność i jak mało kto zgłębił mroczne tajniki duszy ludzkiej. Ciemna strona ludzkiej duszy stała się również jednym z tematów artystycznych poszukiwań Wajdy. Co ciekawe, także mistrz japońskiego kina i mniej więcej rówieśnik Wajdy, Akira Kurosawa był zafascynowany twórczością Dostojewskiego i stworzył własną adaptację *Idioty*, ostatecznie jednak nie był z niej zbyt zadowolony. Kurosawa uważnie obserwował pracę Wajdy nad tym samym tematem. Chiba jest przekonany, że musiał oceniać ją bardzo wysoko.

Trzeci element wspomniany przez reżysera japońskiej telewizji to styl inscenizacji Wajdy. Chociaż *Nastazja* to śmiałe przedsięwzięcie artystyczne, nie ma w niej nic ekstrawaganckiego ani krzykliwego. Oglądając film dokumentalny poznajemy opinię samego Tamasaburō Bandō, który dzieli się wrażeniami z pracy pod kierunkiem polskiego reżysera. Według Tamasaburō styl Wajdy to połączenie surowości „twardej jak diament" z precyzją „drobną jak ziarna popiołu". Ekipa telewizyjna towarzyszyła mistrzowi polskiego kina przez miesiąc, zaglądając za kulisy i rejestrując migawki z prób. W sytuacji impasu Wajda uznał, że przez pięć dni musi poprowadzić próby bez udziału kamer. Przez czas spędzony „za zamkniętymi drzwiami" udało mu się osiągnąć zadowalający poziom porozumienia z aktorami.

Czwarty i ostatni element, na który zwrócił uwagę Chiba to postawa obywatelska polskiego reżysera. W czasie, kiedy Andrzej Wajda realizował w Japonii swoje marzenie, w Polsce toczyły się obrady Okrągłego Stołu. Zarówno on, jak i jego żona podkreślali, że muszą szybko wracać do kraju, gdzie rozgrywają się ważne wydarzenia, dlatego opuścili Japonię już w pięć dni po premierze. Poczuwali się do obowiązku wspierania kruchej, niepewnej polskiej demokracji. Sam Wajda wspominał, że jego filmy można właściwie podzielić na dwie kategorie: obrazy polityczne i psychologiczno-emocjonalne. Oba te aspekty jego twórczości są istotne i nie wyobraża sobie istnienia bez jednego z nich. Chiba zasugerował, że ten podział jest do pewnego stopnia zbieżny z interpretacjami, według których w dorobku mistrza polskiego kina przeplatają się dwa nurty: historyczny realizm i ponadczasowy symbolizm.

W ostatniej części swojego wystąpienia Chiba podkreślił długoletnią, głęboką fascynację Andrzeja Wajdy i Krystyny Zachwatowicz kulturą japońską, wspominając wspólną wizytę w ogrodzie Kiyosumi Teien w Tokio. W czasie pobytu w Japonii polski reżyser nie rozstawał się ze szkicownikiem; pozostał wierny jeszcze jednej artystycznej pasji: sztukom plastycznym. Dla upamiętnienia wspólnego zwiedzania Kiyosumi Teien Chiba skomponował haiku, które był w stanie przekazać Wajdzie i jego żonie jedynie przez tłumacza. Chiba zachował w pamięci także wspólną wizytę na grobie tzw. czterdziestu siedmiu roninów, opiewanych w Japonii jako symbol samurajskiej wierności.

Iwona Merklejn

Sztuka filmowa i scenografia tworzona przez Andrzeja Wajdy

Keiko HOSHINO
(scenograf)

Nazywam się Keiko Hoshino. Jestem scenografem. Dzisiejszy referat chciałabym wygłosić wyświetlając obrazy bezpośrednio z komputera, a nie z prezentacji PowerPoint. A to dlatego, że właśnie wczoraj znalazłam cały karton ciekawych materiałów!

Zaczęłam Jako scenograf pracować w 1970 r. Moim pierwszym zadaniem było stworzenie scenografii do *Aja no tsuzumi* (*Adamaszkowy bębenek*) i *Sotoba komachi* (*Jesteś piękna*) ze zbioru *Kindai nōgaku shū* (*Współczesny zbiór sztuk nō*).

Aja no tsuzumi reżyserował również pan Wajda, a szkice związane z tą realizacją są wystawione z tyłu sali. Zapraszam do zapoznania się z tą kolekcją.

Nie mogę powiedzieć, żeby były jakieś bezpośrednie związki między Polską a mną. Zresztą nie miałam okazji poznać pana Wajdy.

Teraz widzą Państwo [Jerzego] Grotowskiego. W latach 70. ubiegłego stulecia, gdy zaczynałam pracę w teatrze – notabene w młodych teatrach związanych z Nową Lewicą lub tzw. teatrach podziemia – wszyscy wspominali nazwisko Grotowskiego. W tym okresie czułam, że ten Grotowski jakoś nie mi pasuje, wręcz fizjologicznie, ale przeczuwałam też, że jeśli nie zrozumiem Grotowskiego, to nie będę mogła dalej pracować w teatrze.

To był rok 1974, a może 1975, nie pamiętam, czy jeszcze studiowałam, czy już nie; to zresztą też jest projekt zrealizowany w małym teatrze, ale zajmowałam się scenografią dramatów *Na pełnym morzu* i *Czarowna noc* [Sławomira] Mrożka. Osobiście zajmowałam się elementami scenografii i rekwizytami, a nawet kostiumami.

W tym okresie nie miałam prawie żadnego wyobrażenia o Polsce czy o polskim teatrze. Pracowałam więc w ten sposób, że odtwarzałam na scenie swoje wyobrażenie wynikające jedynie z przyswojenia scenariusza. W odniesieniu do Mrożka zapewne należy wspomnieć, że w tym samym czasie – chodzi wprawdzie o inne dzieło – pan Wajda wyreżyserował w Krakowie sztukę tego autora.

W 1978 r. *Sanshō dayū* (*Zarządca Sanshō*) został wystawiony na Festiwalu Teatralnym we Wrocławiu. Grali wtedy Tomoo Nagai i Tomoe Hiiro, a także moi znajomi albo raczej osoby, z którymi pracowałam. Dostając od nich upominki z Polski i słuchając wrażeń z podróży miałam poczucie, że Polska mi się staje nieco bliższa.

W 1984 r. w Tokio zorganizowano Międzynarodowe Sympozjum Sztuki Teatralnej. Przyjechał wtedy Adam Kilian, znany polski scenograf urodzony w tym samym roku, co pan Wajda, zajmujący się także scenografią teatru lalek i teatru dziecięcego. Przygotowując się do tego wystąpienia po raz pierwszy sprawdziłam, czym właściwie zajmował się pan Kilian. Dowiedziałam się, że zajmował się piękną, a może wręcz fantastyczną działalnością, wystawiając te same dzieła, którymi zajmował się pan Wajda, ale w innej formie.

W tym czasie pracowałam jako dyrektor programowy w kinach grupy Saison. Z okazji tygodnia kina polskiego gościliśmy, można powiedzieć, delegację z Polski składającą się z dwóch reżyserów i jednej aktorki. Sądzę, że rok 1984 był także jednym z najtrudniejszych okresów dla pana Wajdy. To wtedy musiał zrezygnować ze stanowiska prezesa Stowarzyszenia Filmowców Polskich, a jego następcą został pan [Janusz] Majewski, który dał się poznać jako reżyser filmu *Epitafium dla Barbary Radziwiłłówny*.

W tym czasie już obejrzałam wiele filmów pana Wajdy, ale szczególnie podobały mi się

Popiół i diament oraz *Pokolenie*.

A nawiązując do teatru mogę powiedzieć, że – choć dopiero później zauważyłam, że jest to polskie dzieło – zajmowałam się scenografią *Pierwszego dnia wolności* Leona Kruczkowskiego wystawionego w już nieistniejącym małym teatrze Tōgei w Takata-no-baba [Tokio]. O tym wydarzeniu wspominał także pan Nobuyuki Nakamoto, który przetłumaczył scenariusz.

Przejdźmy do 1990 r. Sądzę, że wśród dzisiejszych słuchaczy znajdują się także fani [Tadeusza] Kantora. Tak, chodzi o awangardowego polskiego artystę, Kantora. Był on genialnym reżyserem teatralnym. Notabene Andrzej Wajda dołączył do swojego filmu *Umarła klasa* tekst, w którym pisze, że był „asystentem" Kantora...

A to jest Kantor narysowany przez pana Wajdę. Czy jest podobny, czy może nie jest? Ja tego nie wiem... W każdym razie pan Wajda narysował wiele portretów.

To dotyczy projektu, który udało się dopiero zrealizować przy moim udziale. Rok 1999 i Teatr X (Kai). Michiyo Yokoyama zmieniła swój pseudonim artystyczny na Michino Yokoyama. Obejrzała ona film dokumentalny o Śląsku i zainspirowana tym stworzyła to dzieło sceniczne. Przy tej okazji przestudiowałam kwestie związane z Polską razem ze znawcami i panią Misako Uedą z Teatru X.

Teraz chciałabym się zająć teatrem pana Wajdy. Trochę nawiązywałam do dzieł filmowych, ale w jego przypadku można doliczyć się mniej więcej takiej samej liczby reżyserii dzieł filmowych i teatralnych.

Tuż po wojnie, w 1947 r., jeszcze jako student Akademii Sztuk Pięknych w Krakowie, pan Wajda narysował szkic scenografii greckiego dramatu *Antygona* (ryc. 1). Następny rysunek przedstawia scenę śmierci głównego bohatera filmu *Popiół i diament,* Maćka (ryc. 2). Szkic przedstawia pozycję kamery i sposób filmowania. To również notatka o ruchach aktorów, wskazówki dla operatora kamery, a także projekt podziału na sceny.

To poprzedni wątek, ale dotyczy scenografii *Pierwszego dnia wolności* Kruczkowskiego, którą miałam okazję się zająć w 1986 r., już prawie 30 lat temu. Dzieło to jest często wystawiane także w Polsce. Moja scenografia nie jest oklejona normalną tapetą, lecz specjalną tapetą stworzoną z kopii niemieckich gazet z epoki, udostępnionych przez prof. Nakamoto z Uniwersytetu Kanagawa. Sztuka ta była wystawiana w małym teatrze, więc detale są doskonale widoczne z widowni. Na dole jest zdjęcie z próby generalnej. Przyniosłam je, ponieważ pozwala ono na dostrzeżenie szczegółów.

To jest książka *Reżyserzy polskiego teatru*. Jeden z tych profili przedstawia młodego pana Wajdę; czy są Państwo w stanie odgadnąć, który to profil? Trzeci z lewej, z obfitym zarostem i kręconymi włosami, to Grotowski. Czwarty z prawej, z trochę dziwnym nosem, to Kantor. A pan Wajda to... pierwsza postać z prawej strony (ryc. 3).

A to *Danton*. Dzieło to wyreżyserował pan Wajda w teatrze, ale nakręcił także film pod tym samym tytułem. To jest scena z warszawskiego teatru. W tych kostiumach widać kolor niebieski, biały i czerwony, w postaci takich wstawek. Dotyczy to końca Dantona, to są moje wyobrażenia, ale powiedziałabym, że to „Wspólna mogiła ofiar rewolucji" (ryc. 4). W tym miejscu pozwolę sobie przeczytać tekst. „Biała dziura w wapnie. Błękitne niebo. Na białej ścianie dziury, czerwona krew". Jeśli Państwo spojrzą, zauważą Państwo zapewne, że są to trzy barwy flagi francuskiej. Motyw ten powtarza się wielokrotnie. Szkic przedstawiający Irenę patrzącą na płonące getto warszawskie z filmu *Wielki Tydzień* z 1995 r. jest dobrym tego przykładem (ryc. 5). Zresztą słuchacze znający się na malarstwie z pewnością zauważyli, że to Wyeth. Spoglądając na dokonania pana Wajdy, często odnoszę właśnie takie wrażenie – ach, przecież to już gdzieś widziałam!

Na koniec *Jak wam się podoba* (ryc. 6). Tutaj też można dostrzec różowe niebo i brzozowy las. Ta biel, białe ściany i niebieska podłoga są narysowane kredkami. Inne części też z jakiegoś powodu, choć to dzieło Szekspira, są narysowane przy użyciu tych trzech kolorów. Czuję, że te trzy kolory – wolność, równość i braterstwo – mają jakieś szczególne znaczenie dla pana Wajdy.

To pochodzi z przedstawienia teatralnego reżyserii pana Wajdy *Noc listopadowa*. Przygotował on także szkice kostiumów do tego przedstawienia. Nike, bogini zwycięstwa, też jest narysowana w trzech kolorach (ryc. 7), a tutaj jest jeszcze jeden rysunek przedstawiający

Nike z mieczem (ryc. 8).

Moje wystąpienie mogło wydawać się trochę nieuporządkowane, ale starałam się przedstawić Państwu analizę części dzieł pana Wajdy, z punktu widzenia osoby zajmującej się scenografią.

Dziękuję Państwu za uwagę.

Streszczenie: **Grażyna Ishikawa**

Dyskusja panelowa
„Szkoła polska" w kinematografii – wczoraj, dziś i jutro

Tadao SATŌ, Katsuhide MOTOKI, Yōko ŌTAKE, Ritsuko IWANAMI Moderator: Kōichi KUYAMA

KUYAMA:
Słuchając wypowiedzi zaprezentowanych na dzisiejszej konferencji, dochodzę do wniosku, że w odróżnieniu od reżyserów takich jak np. Ozu lub Kieślowski, mających niesłychanie specyficzny styl lub jednolitą tematykę, Andrzej Wajda jest artystą trudnym do zdefiniowania. W jego wypadku można mówić o impulsie, pasji, przywiązaniu. Pan Motoki nazwał go „reżyserem warsztatowym", co jest określeniem nie tylko odważnym, ale i świeżym, i z pewnością nie padłoby nigdy z ust żadnego badacza-polonisty. Pasje i fascynacje Wajdy oscylując między różnymi stylami, wężowym skrętem zwracają się ku tak różnorodnym obiektom, od spraw społecznych po stany emocjonalne, że można mówić o dialektycznym sposobie rozwoju. To czyni go twórcą trudnym do uchwycenia. Możliwa jest oczywiście tradycyjna interpretacja dorobku Wajdy w konteście doświadczenia wojny i wydarzeń z roku 1968 i lat 70., pozwalająca na spójność badawczą, jednak dziś zaprezentowano zupełnie odmienne podejście do tematu i to uważam za bardzo interesujące.

W naszej dalszej dyskusji, tym bardziej, że uczestniczy w niej pani Ritsuko Iwanami, dyrektorka Iwanami Hall, chciałbym mówić nie tylko o Andrzeju Wajdzie, ale również ogólniej o polskim kinie, którego obecność w Japonii jest ostatnio wyraźnie widoczna. Wspomnę o kilku filmach, na przykład *Ida*, która miała m.in. świetną recenzję pana Satō, a której twórcą jest polski reżyser na stałe mieszkający w Wielkiej Brytanii, Paweł Pawlikowski. To reżyser nieznający bezpośrednio II wojny światowej, należący do pokolenia wnuków twórców takich jak Wajda i Kawalerowicz, kontynuujący jednak tematykę „szkoły polskiej". Obecnie w Iwanami Hall wyświetlany jest film Macieja Pieprzycy *Chce się żyć*, który nie tyle podejmuje temat społeczny, co raczej jest bardzo osobistą wypowiedzią twórcy. W przyszłym roku w Image Forum będzie wyświetlane dzieło Andrzeja Jakimowskiego *Imagine* sfilmowane w Portugalii, z dialogami w języku angielskim. W kwietniu w Iwanami Hall pojawi się film *Papusza*, który pokazuje życie Romów, ale jest też kontynuacją dotychczasowego polskiego kina narodowego. To są nowe polskie filmy o charakterze międzynarodowym, które pokazują, że polskie kino współczesne staje się bardzo zróżnicowane.

Najpierw poproszę o wypowiedź panią Ritsuko Iwanami.

IWANAMI:
Była już o tym mowa, ale chciałabym wrócić jeszcze do tematu filmów Andrzeja Wajdy. W

czasie 40 lat istnienia Iwanami Hall wyświetliliśmy ponad 200 filmów, w tym 15 filmów Wajdy. Nie były to wszystkie jego dzieła, ale pokaźny wybór i należy przyznać, że jak na reżysera żyjącego i nadal aktywnego to liczba wyjątkowo duża. Cieszę się bardzo, że udało nam się tego dokonać. Tematyka społeczna i polityczna dominowała, ale były też filmy liryczne, takie jak *Brzezina*, *Panny z Wilka* czy *Tatarak*, wspaniałe ekranizacje prozy Iwaszkiewicza, które należą do moich ulubionych, choć może są mniej znane w Japonii. W latach 80. zaprezentowaliśmy 5 filmów Wajdy, w latach 90. również 5, a w następnych dekadach po 2. Liczba malała, ale np. pokazany w 2009 roku *Katyń* był wielkim sukcesem.

Po pewnym czasie wyświetliliśmy *Tatarak*. Oba filmy pokazały, że pomimo podeszłego wieku Andrzej Wajda zachował w sywch dziełach świeżość i siłę wyrazu, co potwierdził kolejny film o Lechu Wałęsie, który zgodnie z intencją reżysera staraliśmy się promować wśród młodych widzów.

Ostatnio kino polskie cieszy się w Japonii większym zainteresowaniem, organizowane są nawet festiwale filmu polskiego. Jeśli chodzi o Iwanami Hall, to wkrótce po Wielkim Kataklizmie z 11 marca 2011 roku wyświetlaliśmy film Doroty Kędzierzawskiej *Pora umierać*, który cieszył się ogromnym powodzeniem, prawdopodobnie dlatego, że doskonale współbrzmiał z nastrojami Japończyków w tamtym okresie. Obecnie wyświetlany jest wspomniany już film *Chce się żyć* oparty na autentycznej historii, a następnie pokażemy film o pierwszej cygańskiej poetce pt. *Papusza*. Wymienione 3 tytuły to dzieła znakomite zarówno pod względem artystycznym, jak i tematycznym. Teraz, kiedy ustabilizowała się sytuacja gospodarcza w Polsce, powstały odpowiednie warunki do tworzenia tego rodzaju produkcji filmowych. Jako reprezentantka branży kinowej martwię się jedynie odchodzeniem młodego pokolenia od kina, choć z drugiej strony wiem, że jest to zjawisko ogólnoświatowe. Jak zdobywać i kształcić młodą widownię – oto zadanie stojące przed nami. Liczę na państwa pomoc i współpracę w tej kwestii.

KUYAMA:
Oddaję głos profesorowi Satō.

SATŌ:
Dzisiaj powiedziano wiele na temat *Kanału* oraz *Popiołu i diamentu*. Niestety nie udało mi się omówić *Człowieka z marmuru* i *Człowieka z żelaza*, bowiem w pewnym sensie jest to zadanie trudniejsze. Filmy te mają charakter wypowiedzi politycznej, odpowiadają na zapotrzebowanie pewnej epoki, jak twierdzą niektórzy są „propagandą pro-robotniczą" i trudniej jest mówić o ich zaletach artystycznych. Jednak w przypadku Wajdy działalność artystyczna i polityczna to dwa aspekty, które splatają się w jedno. Jego filmy to nieustanna walka z własną epoką i to jest właśnie życiowy temat Wajdy. Nawet film taki jak *Tatarak* pokazuje, co może robić artysta wtedy, gdy nie ma już tematu politycznego i panuje spokój. To też jest walka z własną epoką, zmaganie które może przyjmować najrozmaitsze formy; raz sięga się po temat prasowy, innym razem po uznaną klasykę Dostojewskiego. Według mnie to jest ważna cecha całego polskiego kina, które przy specyficznej tematyce lokalnej odczuwa imperatyw, by nie stracić spojrzenia uniwersalnego i nawet tworząc dzieła patriotyczne nie pozbywa się elementu ironii i nie popada w płytki nacjonalizm, który może być pułapką dla artystów z krajów średnich i małych.

Z reżyserów szkoły polskiej przede wszystkim znany jest Andrzej Wajda, ale wysoko ceniono także Jerzego Kawalerowicza i Andrzeja Munka. W filmie Munka *Pasażerka* opowiadającym o więźniarce obozu koncentracyjnego, odnajdujemy pewnego rodzaju wysublimowanie estetyczne, a z drugiej strony w innym filmie o tematyce okupacyjnej Munk wprowadza elementy farsy, pokazuje mit rzekomego uciekiniera z oflagu, który faktycznie ukrywa się na poddaszu (*Eroica*, część II). U Wajdy też odnajduję elementy podobnej postawy, nie tylko wysublimowany heroizm. Np. w filmie *Wałęsa, Człowiek z nadziei* nie brakuje komizmu. Co do oceny postaci Wałęsy, zdania wśród inteligencji w Polsce są podzielone, inaczej traktuje się Wałęsę jako postać historyczną i inaczej jako człowieka. Tymczasem Wajda podchodzi do niego z całym szacunkiem i powagą. „Zdobyliśmy demokrację, ponieważ był Wałęsa, doszło wreszcie do zbliżenia inteligencji i robotników, którego wcześniej nie udało się osiągnąć". Wajda nieustannie myśli o problemach współczesności; nawet jeśli realizuje Dostojewskiego, z wielką powagą odnajduje tematy, które powinny być pokazane. I to jest właśnie cecha polskiego kina, w ten sposób robi się filmy w Polsce. Uważam to za wielką zaletę polskiego kina.

Dawniej filmy amerykańskie pokazywały jak ważny jest pokój, spokojne życie, ale teraz robi się tam wyłącznie filmy katastroficzne, wieszczące koniec świata. Polskie kino ma jeszcze tyle swobodnego oddechu, że potrafi zauważyć w sobie elememt fanatyzmu, potrafi ostrzegać, pokazać heroizm, ale mówi też, że nie wolno zapomnieć o komizmie. Aby stworzyć coś ważnego w dzisiejszych czasach, trzeba zwrócić uwagę na ich różnorodność i polskie kino najwyraźniej zdaje sobie z tego sprawę.

KUYAMA:

Andrzej Wajda wysoko ceni Munka. I jeszcze jedno: z informacji reżysera dokumentu o Szkole Wajdy wynika, że jest wiele tematów, ale reżyser usilnie zastanawia się, czy są one warte realizacji, zapisuje nawet wszystkie argumenty za i przeciw i rozważa swoje decyzje. Poproszę teraz panią Ōtake o dalszy komentarz, a następnie pana Motokiego.

ŌTAKE:

Byli również i inni reżyserzy, ale to przede wszystkim to dzięki filmom Andrzeja Wajdy japońska publiczność przyzwyczaiła się do polskiego kina. Niedawny sukces filmu *Pora umierać* również jest tego przykładem. Była już o tym mowa, ale powtórzę: 15 filmów jednego reżysera wyświetlonych w Iwanami Hall to bardzo dużo. Dyrekcja Iwanami Hall potrafiła zauważyć, że warto postawić na polskie kino. Wiele zawdzięczamy determinacji Etsuko Takano.

Mówi się, że filmy Wajdy są w połowie polityczne, w połowie liryczne, ale moim zdaniem one wszystkie wyrażają Polskę i Polska jest ich tematem. Andrzej Wajda kręci filmy dla polskiej publiczności i przede wszystkim o niej myśli. Szuka też odpowiedzi na pytanie, w jaki sposób skierować zainteresowanie młodzieży w stronę kina.

Jest wiele epizodów, o których nie zdążyłam powiedzieć w swoim wystąpieniu, wrócę do kilku z nich. Kiedyś miałam okazję zapytać Andrzeja Wajdę, który z własnych filmów najbardziej lubi. Odpowiedział mi, że najbardziej leży mu na sercu *Lotna*, film, który chciałby nakręcić jeszcze raz, ponieważ nie jest udany. Możemy przeczytać o tym w wydanej ostatnio autobiografii reżysera.

Warto pamiętać, że wszystkie filmy z wyjątkiem *Katynia* miały najpierw swoje literackie pierwowzory. Jeśli dziś miałabym wymienić mój ulubiony film Wajdy, to wybrałabym ekranizację poematu Mickiewicza *Pan Tadeusz*, film, który był wyświetlany w Watykanie dla polskiego papieża Jana Pawła II. To film, o którym reżyser mówi, że jest najbardziej optymistyczny w jego dorobku. Poza tym wspaniała rola i jak zwykle wspaniały pokaz umiejętności aktorskich Daniela Olbrychskiego.

Jak wiadomo, Andrzej Wajda jest wielbicielem filmów Kurosawy; pojechał nawet do miejscowości Gotenba podczas kręcenia filmu *Bunt*. Wajda ceni także aktora Toshirō Mifune, mówił kiedyś o pomyśle obsadzenia go w roli błazna w *Zemście*. Ten film został nakręcony już po śmieci Mifune i był pokazywany w Tokio w 2000 roku podczas festiwalu filmowego, który przygotowaliśmy z panem Kuyamą. W roli Papkina wystąpił Roman Polański.

W zeszłym roku obchodzono 20. lecie powstania Muzeum Sztuki i Techniki Japońskiej Manggha w Krakowie. Na konferencji prasowej z tej okazji Andrzej Wajda podkreślił rolę Lecha Wałęsy w przemianach w Polsce, dzięki którym możliwe było uzyskanie wolności i w rezultacie tego faktu – powstanie tego muzeum. Władze komunistyczne nie liczyły się z artystami i niepewne były losy zebranych funduszy na budowę planowanego centrum. Dzięki przemianom politycznym, jakie zaszły, udało się zrealizować ten pomysł, przy wielkim nakładzie starań ze strony Andrzeja i Krystyny Wajdów. Prezydent Komorowski w przemówieniu gratulacyjnym z okazji 20. lecia Mangghi powiedział, że Polacy cenią Japonię za to, że rozwinęła się, nie porzucając swej kultury i tradycji.

Pan Wajda lubi Japonię i jest zawsze życzliwy Japończykom. W zeszłym roku Tamasaburō Bandō przy okazji pobytu w Paryżu wybrał się z wizytą do państwa Wajdów i został serdecznie przyjęty. Jednak Wajda najbardziej kocha Polskę i tam jest jego miejsce. W przyszłym roku w marcu będzie ochodził 89 urodziny, życzę mu dobrego zdrowia i długiego życia i czekam na jego kolejne filmy. Zawsze jestem także pełna podziwu i wdzięczności dla pani Krystyny.

Proszę państwa, zachęcam także do oglądania kolejnych polskich filmów. W najbliższym czasie pokażemy film *Papusza*, o którym już była mowa. Współpraca reżysera [Krzysztofa] Krauzego z jego małżonką, Joanną [Kos-Krauze] wyszła filmowi na dobre, serdecznie polecam ten film. Andrzej Wajda również zaczął doceniać siłę kobiet, film *Katyń* jest poświęcony matce. Z tego względu pierwsza projekcja filmu odbyła się na Tokijskim Międzynarodowym Festiwalu Kina Kobiet, a dopiero potem był on wyświetlany w Iwanami Hall.

MOTOKI:
Dzięki wysiłkom Iwanami Hall udało nam się poznać specyficzną historię Polski, zarówno nowożytną, jak i współczesną. To duża różnica, czy ma się tę wiedzę, czy nie. Słusznie stwierdził profesor Satō, że w kinie ważne jest wielostronne spojrzenie. W Japonii brakuje nam tej umiejętności, wybitne postacie historyczne są idealizowane. Na przykład taki temat jak lotnictwo myśliwskie w czasie II wojny światowej – widzowie oglądając wyidealizowane obrazy popadają w samozadowolenie. Rozumiem, że chce się takie rzeczy oglądać, ale pragnąłbym, żeby powstawały filmy, które chłodnym okiem spojrzą na fakty. Taką postawą znalazłem w filmie *Wałęsa. Człowiek z nadziei*. Od razu przypomniał mi się film *Amadeusz*. Taki człowiek tworzył tak wspaniałą muzykę? – to wzbudziło zainteresowanie całego świata i takie przedstawienie bohatera jest zgodne z zachodnim sposobem myślenia. Podobnie jest u Wajdy. Pokazuje jak pojedynczy robotnik ze stoczni stał się przywódcą Solidarności, potem prezydentem, przedstawicielem Polski. Oglądałem ten film z sympatią, z jakim świetnym wyczuciem został on zrobiony! To bardzo wyrafinowany styl, rzadko spotykany w Japonii. U nas powstają opowieści o bohaterach, dąży się do idealizacji i widzowie idą w tym kierunku. Od Wajdy można się uczyć innego spojrzenia.

KUYAMA:
Na zakończenie prosimy o pytania.

PYTANIE 1:
Prosiłbym o porównanie Wajdy i Kurosawy pod kątem genderowym, wizerunku kobiet w ich filmach. Mówi się, że Kurosawa nie miał talentu do postaci kobiecych i nie pokazywał ich zbyt często. A jak jest w przypadku Wajdy? Dziś była mowa o *Pannach z Wilka*; o tym, że film *Katyń* został zadedykowany matce reżysera. Drugie pytanie jest do pana Motokiego, który wspominał o dymie pojawiającym się często w filmach Wajdy. Prosiłbym o interpretację tego motywu.

ŌTAKE:
Moim zdaniem Akira Kurosawa w swoich filmach nie lekceważył kobiet. Mało kręcił utworów na ich temat, ale był do nich życzliwie nastawiony, bardziej niż inni reżyserzy japońscy, których nazwisk tu nie wymienię. Pozytywną opinię o Kurosawie ma na przykład dobrze mi znana Kyōko Kagawa, która wystąpiła w pięciu filmach Kurosawy.

W filmach Wajdy występuje wielu wspaniałych aktorów-mężczyzn, polscy aktorzy są bardzo dobrzy, a kobiety piękne i silne, więc nawet trudno byłoby je lekceważyć. Myślę, że reżyser nie wybiera aktorów, ponieważ mu się podobają, tylko wybiera aktorów pasujących do filmu. Na przykład w *Panu Tadeuszu* grają wszyscy aktorzy Wajdy, ale nie ma Pszoniaka. Zapytałam kiedyś reżysera dlaczego, a on odpowiedział mi, że nie było dla Pszoniaka odpowiedniej roli.

Myślę, że ani Wajda, ani Kurosawa nie lekceważą kobiet. Ostatnio Andrzej Wajda wyraził wielkie zainteresowanie Tokijskim Międzynarodowym Festiwalem Kina Kobiet i obiecał nawet, że podeśle mi jakiś polski film, jeśli tylko będzie coś godnego uwagi.

MOTOKI:
Powiem krótko. Wajda wykazuje większe zdolności reżyserskie wobec kobiet niż Kurosawa. Na przykład Krystyna Janda w *Tataraku* – doskonale została wyreżyserowana przemiana zachodząca w psychice kobiety pod wpływem kontaktu z młodym mężczyzną i zainteresowania z jego strony. To dzieje się prawie wyłącznie w drugiej części filmu. Ile emocji potrafił obudzić u widza reżyser, który – przepraszam bardzo, że to powiem – jest już w podeszłym wieku. To jest niesamowite.

Jeśli chodzi o dym, to w filmach rozrywkowych, takich jak moje, pełni on rolę kamuflażu, ale w filmach Wajdy bez wątpienia jest symbolem pożogi wojennej, pokazuje, że w danym miejscu toczyła się wojna.

PYTANIE 2:
Prof. Satō powiedzial, że Wajda jest reżyserem, który walczy ze swoją epoką. Moim zdaniem to jest widoczne najsilniej w *Człowieku z żelaza*, a także w *Człowieku z marmuru*, ale akcja filmu o Lechu Wałęsie z 2013 roku, kończy się w 1991 roku. Jak rozumieć tę przerwę, to zatrzymanie się?

KUYAMA:
Jak już mówiono, relacje Wajdy i Wałęsy były skomplikowane, ich drogi w pewnym momencie się rozeszły. Chodziło m.in. o to, żeby nie zaciemnić przez to obrazu przeszłości. Myślę, że Wajda chciał umieścić postać Wałęsy na należnym mu miejscu w historii Polski i sprawiedliwie docenić jego rolę w epoce przed 1989 rokiem.

SATŌ:
Postać Wałęsy to trudny obiekt do przedstawienia, bo w opiniach o nim są róże i ciernie. Trzeba mieć odwagę, żeby wrócić do najlepszych czasów bohatera i pokazać je na ekranie. Czy to nie wystarczy?

ŌTAKE:
Po *Człowieku z marmuru* nastąpił trudny okres dla Andrzeja Wajdy. W tym okresie nakręcił we Francji *Dantona*, potem *Biesy*, w Niemczech *Miłość w Niemczech* i inne filmy, a poza tym intensywniej zajmował się również reżyserią teatralną. Jednak myślę, że zawsze był sercem z Polską i zawsze dokładał strań, aby uwiecznić w swoich w filmach polską historię. Kiedy ukończył długo oczekiwany film o Katyniu, przystąpił do realizacji filmu o Lechu Wałęsie. Scenariusz byl wielokrotnie korygowany. Jak wspominała pani Iwanami, reżyserzy w starszym wieku mają tendencję do robienia filmów kameralnych, natomiast Wajda zrobił film, w którym występują tłumy ludzi, zręcznie wplótł materiał dokumentalny. To jest naprawdę wspaniałe.

TAGUCHI:
Szanowni państwo, z pewnością jest jeszcze wiele pytań, ale czas trwania naszej konferencji dobiega końca. Myślę, że udało nam się przeprowadzić szczerą dyskusję, pogłębić naszą wiedzę i lepiej zrozumieć twórczość filmową Andrzeja Wajdy. Dziękuję za uwagę.

Tłumaczenie: **Renata Sowińska-Mitsui**

2014年度会議写真

Zdjęcia z Konferencji 2014

2014年度会議 アンジェイ・ワイダ

撮影　田口雅弘

「フォーラム・ポーランド」設立趣意書

　21世紀に入り、ＥＵ加盟をはたしたポーランドと日本との間では、学術、文化、芸術、経済など、あらゆる分野において交流はこれまで以上に広がり、かつ深まりつつあるように思われます。こうした交流の進展に伴い、ポーランドに関する、分野を越えた情報交換やより学際的な研究の必要性が感じられるようになってきました。現在そうした場やネットワークは十分に整っていません。ポーランド側としても、そうした環境がないために私たちに適切な形で情報を伝達することに困難を感じています。

　フォーラム・ポーランドは、ポーランド大使館の協力と支援を受けて、こうしたネットワークを構築し、交流の場を築くために設立するものです。具体的には、

　（1）年に一回シンポジウムを開催し、各分野における研究の成果や動向に関する情報を交換し、交流をはかるとともに、若手研究者や若手藝術家を支援・育成するための場とする

　（2）メーリングリストおよびホームページを整備して、日本におけるポーランド関係の情報や出版、会合、その他の催しに関する情報を交換すると同時に、ポーランドや他の地域で催されるポーランド関連の学会や国際会議などの催事について案内する

　（3）シンポジウムの記録を始め、有益な情報や記事・論文を掲載するオンライン・ジャーナルを発行する

　——といった活動を行います。

　フォーラム・ポーランドは、理事会等の代表組織を置かず、緩やかなネットワークとし、会費を取らず、参加はメーリングリスト（POLISH STUDIES NETWORK: PSN）への任意の登録または登録解除をもって行います。ただし、将来的にはホームページとメーリングリストの維持・管理および様々な事務的作業を行う事務局、オンライン・ジャーナルの発行を行う編集部を設置したいと考えております。

　日本とポーランドとの広い分野における相互交流を深め、学際的な活動を活性化し、分野横断的な人的交流と人材育成を推進するため、多くの方々の積極的な参加を期待いたします。

2005年7月15日

世話人
東京外国語大学　　関口時正
岡山大学　　　　　田口雅弘

ホームページ：　フォーラム・ポーランド http://www.forumpoland.org/
E-mail：　info@forumpoland.org

FORUM "POLAND" / FORUM „POLSKA"

5 lipca 2005

Nazwa projektu: FORUM "POLAND" / FORUM „POLSKA" / フォーラム・ポーランド

Cele:

1) Zbudowanie efektywnego system przekazu informacji o Polsce i z Polski na terenie Japonii;

2) Stwarzanie możliwości spotkań, interdyscyplinarnych dyskusji, wymiany informacji i doświadczeń między ludźmi nauki, kultury i biznesu, zawodowo czy też prywatnie związanymi z Polską, a działającymi w różnych dziedzinach;

Działalność:

1) Organizowanie dorocznej konferencji;

2) Prowadzenie „news group" w nowo utworzonej na podstawie dotychczasowej listy „Polish Studies Network", największej w Japonii sieci zamkniętej dot. spraw polskich (ponad 500 abonentów);

3) Sporządzenie bazy danych specjalistów, najważniejszych, najaktywniej działających osób w dziedzinach związanych z Polską;

3) Prowadzenie własnej strony internetowej „Forum POLAND";

4) Redagowanie i wydawanie własnego pisma internetowego „Forum POLAND";

5) Przekazywanie poprzez powyższe media informacji na temat: konferencji naukowych, kongresów, imprez kulturalnych itp. mających się odbyć w świecie.

Biura:

1) Gabinet prof. Masahiro Taguchiego na Uniw. w Okayamie – do spraw: strony internetowej, news group i konferencji;

2) Gabinet prof. Tokimasy Sekiguchiego na Uniw. Studiów Międzynarodowych w Tokio – do spraw: redagowania internetowego pisma „Forum POLAND".

Strona internetowa: „FORUM POLSKA"   http://www.forumpoland.org/
E-mail: info@forumpoland.org

NPO法人フォーラム・ポーランド組織委員会の概要

名称 特定非営利活動法人フォーラム・ポーランド組織委員会
英語表記：The Organizing Committee for FORUM POLAND
ポーランド語表記：Komitet Organizacyjny FORUM POLSKA
設立 2008年（平成２０）年１月１７日
所在地　東京都大田区山王一丁目３６番２６号
代表者　関口時正　役員 理事3名　監事1名　委員 10名

目的
　この法人は、ポーランドに関心を抱く日本人に対し、同国の文化・歴史・政治・経済・芸術等に関する情報提供を行い、それらテーマに関する各種会議・発表会等の機会を企画・提供すること、また両国の活発な交流を困難にしている一因でもあるポーランド語の普及教育活動および通訳・翻訳者の紹介等を行い、日本とポーランド両国のより広い交流、深い理解に寄与することを目的とする。
　　この法人は、この目的を達成するため、次に掲げる種類の特定非営利活動を行う。
　(1) 社会教育の推進を図る活動
　(2) 学術、文化、芸術又はスポーツの振興を図る活動
　(3) 国際協力の活動
　　この法人は、上記の目的を達成するため、次の特定非営利活動に係る事業を行う。
　(1) ポーランドに関するあらゆる情報を、インターネットホームページ等を通じて広く発信する事業
　(2) ポーランドに関するテーマを扱った講演会・研究会の企画・運営事業
　(3) 前項にて実施された各種会議の議事録・研究発表・論文等の出版・販売事業
　(4) ポーランドの有識者・芸術家等の招聘事業
　(5) ポーランドの文化・芸術を紹介・発表する各種イベントの企画・運営事業
　(6) ポーランド語教育振興に関する事業
　(7) ポーランド語通訳・翻訳者の育成・登録・派遣事業
　(8) その他この法人の目的を達成するために必要な事業

KOFP設立の経緯
　フォーラム・ポーランドは、2005年、関口時正と田口雅弘が世話人となり、理事会等の代表組織を置かず、会費もとらず、参加はメーリングリスト（POLISH STUDIES NETWORK: PSN）への任意の登録または登録解除をもって行う、年１回の会議開催を中心とする、ポーランドにかかわるあらゆる人々が集うことのできる、緩やかな学際的、異業種交流会的ネットワークとして発足しました。
　その後フォーラム・ポーランドは、毎年全国会議を行い、会議録の発刊、ポーランド語（教養）コンテストの開催、各種講演会、ポーランド語能力国家検定のサポート、そしてポータルサイト「ポーランド情報館」の運営などを行ってきました。
　2007年、活動の活性化に伴って、組織主体や責任体制を明確にする必要性（ポーランド側から日ポ学術・文化交流の窓口として扱われている）、財務体制を明確にする必要性（寄付を受ける可能性、教育・研修や出版事業を行う可能性など）が出てきました。
　そこで、事務局として作業をする運営母体のみを、十数名程度からなる最小限の法人として登録し、従来のネットワークはそのまま維持する体制への移行を検討。2007年秋に特定非営利活動法人(NPO)の申請を行い、2008年1月、内閣府から認証されたものです。なお、理事はすべて無報酬のボランティアとして活動しています。

フォーラム・ポーランド組織委員会メンバー　　　　　　　　　　　　　　平成26年1月1日現在

代表	関口　時正		委員	今村　能
副代表	田口　雅弘		委員	加須屋　明子
事務局長	平岩　理恵		委員	久山　宏一
監事	白木　太一		委員	小早川　朗子
委員	赤津　光一		委員	藤井　和夫
委員	石原　伸幸		委員	三井　レナータ
委員	伊藤　嘉一		委員	森田　耕司

特定非営利活動法人 フォーラム・ポーランド組織委員会定款

第1章　総則

(名称)
第1条　この法人は、特定非営利活動法人フォーラム・ポーランド組織委員会（英語表記：The Organizing Committee for FORUM POLAND、ポーランド語表記：Komitet Organizacyjny FORUM POLSKA）という。

(事務所)
第2条　この法人は、事務所東京都大田区山王一丁目３６番２６号に置く。

第2章　目的及び事業

(目的)
第3条　この法人は、ポーランドに関心を抱く日本人に対し、同国の文化・歴史・政治・経済・芸術等に関する情報提供を行い、それらテーマに関する各種会議・発表会等の機会を企画・提供すること、また両国の活発な交流を困難にしている一因でもあるポーランド語の普及教育活動および通訳・翻訳者の紹介等を行い、日本とポーランド両国のより広い交流、深い理解に寄与することを目的とする。

(特定非営利活動の種類)
第4条　この法人は、前条の目的を達成するため、次に掲げる種類の特定非営利活動を行う。
(1) 社会教育の推進を図る活動
(2) 学術、文化、芸術又はスポーツの振興を図る活動
(3) 国際協力の活動

(事業)
第5条　この法人は、第３条の目的を達成するため、次の特定非営利活動に係る事業を行う。
(1) ポーランドに関するあらゆる情報を、インターネットホームページ等を通じて広く発信する事業
(2) ポーランドに関するテーマを扱った講演会・研究会の企画・運営事業
(3) 前項にて実施された各種会議の議事録・研究発表・論文等の出版・販売事業
(4) ポーランドの有識者・芸術家等の招聘事業
(5) ポーランドの文化・芸術を紹介・発表する各種イベントの企画・運営事業
(6) ポーランド語教育振興に関する事業
(7) ポーランド語通訳・翻訳者の育成・登録・派遣事業
(8) その他この法人の目的を達成するために必要な事業

第3章　会員

(種別)
第6条　この法人の会員は、次の２種とし、正会員をもって特定非営利活動促進法（以下「法」という。）上の社員とする。
(1) 正会員　この法人の目的に賛同して入会した個人、及び団体。
(2) 賛助会員　この法人の目的に賛同して活動の補助及び後援をしようと入会した個人、及び団体等。

(入会)
第7条　会員の入会については、この法人の目的に賛同し、積極的に活動に参加すること以外、特に条件を定めない。
2　正会員として入会しようとするものは、理事長が別に定める入会申込書により、理事長に申し込むものとし、理事長は、正当な理由がない限り、入会を認めなければならない。
3　理事長は、前項のものの入会を認めないときは、速やかに、理由を付した書面をもって本人にその旨を通知しなければならない。

(会費)
第8条　正会員は、総会において別に定める会費を納入しなければならない。

(会員の資格の喪失)
第9条　正会員が次の各号のいずれかに該当するに至ったときは、その資格を喪失する。
(1) 退会届の提出をしたとき。
(2) 本人が死亡し、又は正会員である団体が消滅したとき。
(3) 継続して会費を２年以上滞納したとき。
(4) 除名されたとき。

(退会)
第10条　正会員は、理事長が別に定める退会届を理事長に提出して、任意に退会することができる。

(除名)
第11条　会員が次の各号のいずれかに該当するに至ったときは、総会の議決により、その会員を除名することができる。この場合、その会員に対し、議決の前に弁明の機会を与えなければならない。
(1) 法令及びこの定款等に違反したとき。
(2) この法人の名誉を傷つけ、又は目的に反する行為をしたとき。

(拠出金品の不返還)
第12条　既に納入した会費及びその他の拠出金品は、返還しない。

第4章　役員及び職員

(役員の種別及び定数)
第13条　この法人に次の役員を置く。
(1) 理事　３人
(2) 監事　１人
2　理事のうち、１人を代表、１人を副代表とする。

(選任等)
第14条　理事及び監事は、理事会において選任する。
2　代表及び副代表は、理事の互選により定める。
3　役員のうちには、それぞれの役員について、その配偶者若しくは３親等以内の親族が１人を超えて含まれ、又は当該役員並びにその配偶者及び３親等以内の親族が役員の総数の３分の１を超えて含まれることになってはならない。
4　監事は、理事又はこの法人の職員を兼ねることができない。

(職務)
第15条　代表は、この法人を代表し、その業務を総理する。
2　副代表は、代表を補佐し、代表に事故あるとき又は代表が欠けたときはその職務を代行する。

3　理事は、理事会を構成し、この定款の定め及び理事会の議決に基づき、この法人の業務の執行を決定する。
4　監事は、次に掲げる職務を行う。
　(1) 理事の業務執行の状況を監査すること。
　(2) この法人の財産の状況を監査すること。
　(3) 前2号の規定による監査の結果、この法人の業務又は財産に関し不正の行為又は法令若しくは定款に違反する重大な事実があることを発見した場合には、これを総会又は所轄庁に報告すること。
　(4) 前号の報告をするために必要がある場合には、総会を招集すること。
　(5) 理事の業務執行の状況又はこの法人の財産の状況について、理事に意見を述べ、若しくは理事会の招集を請求すること。

（任期等）
第16条　役員の任期は、2年とする。ただし、再任を妨げない。
2　補欠のため、又は増員によって就任した役員の任期は、それぞれの前任者又は現任者の任期の残存期間とする。
3　役員は、辞任、又は任期満了後においても、後任者が就任するまでは、その職務を行わなければならない。

（欠員補充）
第17条　理事又は監事のうち、その定数の3分の1を超える者が欠けたときは、遅滞なくこれを補充しなければならない。

（解任）
第18条　役員が次の各号のいずれかに該当するに至ったときは、総会の議決により、これを解任することができる。この場合、その役員に対し、議決する前に弁明の機会を与えなければならない。
　(1) 心身の故障のため、職務の遂行に堪えないと認められるとき。
　(2) 職務上の義務違反その他役員としてふさわしくない行為があったとき。

（報酬等）
第19条　役員は、その総数の3分の1以下の範囲内で報酬を受けることができる。
2　役員には、その職務を執行するために要した費用を弁償することができる。
3　前2項に関し必要な事項は、総会の議決を経て、代表が別に定める。

（職員）
第20条　この法人に、事務局長その他の職員を置く。
2　職員は、代表が任免する。

第5章　総会

（種別）
第21条　この法人の総会は、通常総会及び臨時総会の2種とする。

（構成）
第22条　総会は、正会員をもって構成する。

（権能）
第23条　総会は、以下の事項について議決する
　(1) 定款の変更
　(2) 解散
　(3) 合併
　(4) 事業報告及び収支決算
　(5) その他運営に関する重要事項

（開催）
第24条　通常総会は、毎事業年度1回開催する。
2　臨時総会は、次の各号のいずれかに該当する場合に開催する。
　(1) 理事会が必要と認め招集の請求をしたとき。
　(2) 正会員総数の5分の1以上から会議の目的である事項を記載した書面により招集の請求があったとき。
　(3) 法第18条第4項の規定に基づき、監事から招集があったとき。

（招集）
第25条　総会は、前条第2項第3号の場合を除き、代表が招集する。
2　代表は、前条第2項第1号及び第2号の規定による請求があったときは、その日から30日以内に臨時総会を招集しなければならない。
3　総会を招集するときは、会議の日時、場所、目的及び審議事項を記載した書面又は電子メールにより、少なくとも5日前までに通知しなければならない。

（議長）
第26条　総会の議長は、その総会において、出席した正会員の中から選出する。

（定足数）
第27条　総会は、正会員総数の2分の1以上の出席がなければ開会することができない。

（議決）
第28条　総会における議決事項は、第25条第3項の規定によりあらかじめ通知した事項とする。
2　総会の議事は、この定款に規定するもののほか、出席した正会員の過半数をもって決し、可否同数のときは、議長の決するところによる。

（表決権等）
第29条　各正会員の表決権は、平等なるものとする。
2　やむを得ない理由のため総会に出席できない正会員は、あらかじめ通知された事項について書面をもって表決し、又は他の正会員を代理人として表決を委任することができる。
3　前項の規定により表決した正会員は、前2条、次条第1項及び第51条の適用については、総会に出席したものとみなす。
4　総会の議決について、特別の利害関係を有する正会員は、その議事の議決に加わることができない。

（議事録）
第30条　総会の議事については、次の事項を記載した議事録を作成しなければならない。
　(1) 日時及び場所
　(2) 正会員総数及び出席者数（書面表決者又は表決委任者がある場合にあっては、その数を付記すること。）
　(3) 審議事項
　(4) 議事の経過の概要及び議決の結果
　(5) 議事録署名人の選任に関する事項
2　議事録には、議長及びその会議において選任された議事録署名人2人以上が署名、押印しなければならない。

第6章 理事会

（構成）
第31条 理事会は、理事をもって構成する。

（権能）
第32条 理事会は、この定款で定めるもののほか、次の事項を議決する。
 (1) 総会に付議すべき事項
 (2) 総会の議決した事項の執行に関する事項
 (3) 事業計画及び収支予算の決定並びにその変更
 (4) 役員の選任又は解任、職務及び報酬
 (5) 入会金及び会費の額
 (6) 借入金（その事業年度内の収入をもって償還する短期借入金を除く。第50条において同じ。）その他新たな義務の負担及び権利の放棄
 (7) 事務局の組織及び運営
 (8) その他総会の議決を要しない会務の執行に関する事項

（開催）
第33条 理事会は、次の各号のいずれかに該当する場合に開催する。
 (1) 代表が必要と認めたとき。
 (2) 理事総数の2分の1以上から会議の目的である事項を記載した書面等により招集の請求があったとき。
 (3) 法第18条第5号の規定に基づき、監事から招集の請求があったとき。

（招集）
第34条 理事会は、代表が招集する。
2 代表は、前条第2号及び第3号の規定による請求があったときは、その日から30日以内に理事会を招集しなければならない。
3 理事会を招集するときは、会議の日時、場所、目的及び審議事項を記載した書面又は電子メールにより、少なくとも5日前までに通知しなければならない。

（議長）
第35条 理事会の議長は、代表がこれにあたる。

（理事会の議決）
第36条 理事会における議決事項は、第34条第3項の規定によりあらかじめ通知した事項とする。
2 理事会の議事は、理事総数の過半数をもって決し、可否同数のときは、議長の決するところによる。

（表決権等）
第37条 各理事の表決権は、平等なるものとする。
2 やむを得ない理由のため理事会に出席できない理事は、あらかじめ通知された事項について書面をもって表決することができる。
3 前項の規定により表決した理事は、前条及び次条第1項の適用については、理事会に出席したものとみなす。
4 理事会の議決について、特別の利害関係を有する理事は、その議事の議決に加わることができない。

（議事録）
第38条 理事会の議事については、次の事項を記載した議事録を作成しなければならない。
 (1) 日時及び場所
 (2) 理事総数、出席者数及び出席者氏名（書面表決者にあっては、その旨を付記すること。）
 (3) 審議事項
 (4) 議事の経過の概要及び議決の結果
 (5) 議事録署名人の選任に関する事項
2 議事録には、議長及びその会議において選任された議事録署名人2人以上が署名、押印しなければならない。

第7章 資産及び会計

（資産の構成）
第39条 この法人の資産は、次の各号に掲げるものをもって構成する。
 (1) 設立当初の財産目録に記載された資産
 (2) 会費
 (3) 寄附金品
 (4) 財産から生ずる収入
 (5) 事業に伴う収入
 (6) その他の収入

（資産の区分）
第40条 この法人の資産は、特定非営利活動に係る事業に関する資産とする。

（資産の管理）
第41条 この法人の資産は、代表が管理し、その方法は、総会の議決を経て、代表が別に定める。

（会計の原則）
第42条 この法人の会計は、法第27条各号に掲げる原則に従って行うものとする。

（会計の区分）
第43条 この法人の会計は、特定非営利活動に係る事業に関する会計とする。

（事業計画及び収支予算）
第44条 この法人の事業計画及びこれに伴う収支予算は、代表が作成し、理事会の議決を経なければならない。

（暫定予算）
第45条 前条の規定にかかわらず、やむを得ない理由により予算が成立しないときは、代表は、理事会の議決を経て、予算成立の日まで前事業年度の予算に準じ収入支出することができる。
2 前項の収入支出は、新たに成立した予算の収入支出とみなす。

（予備費の設定及び使用）
第46条 予算超過又は予算外の支出に充てるため、予算中に予備費を設けることができる。
2 予備費を使用するときは、理事会の議決を経なければならない。

（予算の追加及び更正）
第47条 予算議決後にやむを得ない事由が生じたときは、理事会の議決を経て、既定予算の追加又は更正をすることができる。

（事業報告及び決算）
第48条 この法人の事業報告書、収支計算書、貸借対照表及び財産目録等の決算に関する書類は、毎事業年度終了後、速やかに、代表が作成し、監事の監査を受け、総会の議決を経なければならない。
2 決算上剰余金を生じたときは、次事業年度に繰り越すものとする。

（事業年度）
第49条　この法人の事業年度は、毎年９月１日に始まり、翌年８月３１日に終わる。

（臨機の措置）
第50条　予算をもって定めるもののほか、借入金の借入れその他新たな義務の負担をし、又は権利の放棄をしようとするときは、理事会の議決を経なければならない。

第８章　定款の変更、解散及び合併

（定款の変更）
第51条　この法人が定款を変更しようとするときは、総会に出席した正会員の４分の３以上の多数による議決を経、かつ、軽微な時候として法第25条第３項に規定する以下の事項を除いて所轄庁の認証を得なければならない。
　(1)主たる事務所及び従たる事務所の所在地（所轄庁の変更を伴わないもの）
　(2)資産に関する事項
　(3)公告の方法

（解散）
第52条　この法人は、次に掲げる事由により解散する。
　(1) 総会の決議
　(2)目的とする特定非営利活動に係る事業の成功の不能
　(3)正会員の欠亡
　(4)合併
　(5)破産
　(6)所轄庁による設立の認証の取消し
２　前項第１号の事由によりこの法人が解散するときは、正会員総数の４分の３以上の承諾を得なければならない。
３　第１項第２号の事由により解散するときは、所轄庁の認定を得なければならない。

（残余財産の帰属）
第53条　この法人が解散（合併又は破産による解散を除く。）したときに残存する財産は、法第11条第３項に掲げる者のうち、総会で議決したものに譲渡されるものとする。

（合併）
第54条　この法人が合併しようとするときは、総会において正会員総数の４分の３以上の議決を経、かつ、所轄庁の認証を得なければならない。

第９章　公告の方法

（公告の方法）
第55条　この法人の公告は、この法人の掲示場に掲示するとともに、インターネットホームページ上に掲載して行う。

第10章　雑則

（細則）
第56条　この定款の施行について必要な細則は、理事会の議決を経て、代表がこれを定める。

　　附　則

１　この定款は、この法人の成立の日から施行する。

２　この法人の設立当初の役員は、次に掲げる者とする。
　理事　代表　　　田口　雅弘
　理事　副代表　　白木　太一
　理事　　　　　　平岩　理恵
　監事　　　　　　関口　時正

３　この法人の設立当初の役員は、第16条第１項の規定にかかわらず、成立の日から2009年10月31日までとする。

４　この法人の設立当初の事業計画及び収支予算は、第44条の規定にかかわらず、設立総会の定めるところによるものとする。

５　この法人の設立当初の事業年度は、第49条の規定にかかわらず、成立の日から2008年8月31日までとする。

６　この法人の設立当初の入会金及び会費は、第８条の規定にかかわらず、次に掲げる額とする。
　(1)　　正会員会費　　　　　０円
　(2)　　賛助会員会費　　法人　10,000円（一口以上）
　　　　　　　　　　　　　個人　 5,000円（一口以上）

　　附　則

１　この定款は、2010年6月2日から施行する。

　この定款は、特定非営利活動法人フォーラム・ポーランド組織委員会の定款に相違ないことを証します。

特定非営利活動法人フォーラム・ポーランド組織委員会

　　　　　　　　　理事　　関　口　時　正

賛助会員の募集

特定非営利活動法人フォーラム・ポーランド組織委員会では、会の趣旨に賛同し、会を財政的に支援する賛助会員を募集しています。趣旨に賛同して下さる方は、下記の通り、メールでお申し込み下さい。

なお、賛助会員は、すべてのＦＰ主催の会議、イベント、その他に無料（共催の催事は割引料金）で参加できます。

年会費：　　法人 10,000円（一口以上）　　個人 5,000円（一口以上）
賛助会員は，会費口数に応じて下記のサービスが受けられます。

会員の期間　　9月1日から翌年の8月31日までの1年間

法人

種類/口数	1	2	3	4	5〜	10〜
ホームページに法人賛助会員名称を常時掲載、パンフレット等に賛助会員一覧を掲載	無料					
年会議参加費無料(人)(注1)	2	3	4	5	10	15
『会議録』無料配布(冊)	2	3	3	3	(注2)	
その他のフォーラム主催イベント参加費無料(人)(注1)	2	3	4	5	10	15
フォーラム共催イベント参加費割引	イベントごとに案内					
ポーランドに関する情報提供、アドバイスなどの情報サポート	半額料金			無料		
通訳、翻訳、講師の紹介	無料					
要望に応じたセミナー、講習会等の組織	割引料金					

(注1)　会場が小さい場合は、先着順で登録します。参加無料ではありますが、優先登録はできません。
(注2)　3冊無料配布いたしますが、さらに必要な場合はご相談に応じます（追加無料配布または割引販売）。

個人

種類/口数	1	2	3	4	5〜	10〜
年会議参加費無料(人)(注1)	1	2	2	2	3	5
『会議録』無料配布(冊)	1	2	2	2	(注2)	
その他のフォーラム主催イベント参加費無料(人)(注1)	1	2	2	2	3	5
フォーラム共催イベント参加費割引	イベントごとに案内					
質疑応答・その他諸般の便宜供与	無料					
通訳、翻訳、講師の紹介	無料					

(注1)　会場が小さい場合は、先着順で登録します。参加無料ではありますが、優先登録はできません。
(注2)　3冊無料配布いたしますが、さらに必要な場合はご相談に応じます（追加無料配布または割引販売）。

以下の項目をメールに明記し、右のアドレスまでお申し込み下さい。　　info@forumpoland.org

フォーラム・ポーランド賛助会員申込書

1. 個人／法人
2. 氏名（法人名）
3. カタカナ
4. 所属（個人の場合）
5. 担当者（法人の場合）
6. 郵便番号
7. 住所
8. 電話番号
9. FAX番号
10. E-mail
11. ご専門・関心分野
12. 口数　　（　　）口
13. 領収書　必要／不要
14. メッセージ（任意）

お申し込みいただきましたら、事務局より詳細について折り返しご連絡いたします。よろしくお願いいたします。

年会費納入口座：
ゆうちょ銀行
口座番号：００１８０−３−４６６１３６
加入者名：特定非営利活動法人フォーラム・ポーランド組織委員会
カナ氏名：トクヒ）フォーラムポーランドソシキイインカイ
※　　　　他行からのお振込の場合は口座番号が次のとおりとなります
支店番号：〇一九（ゼロイチキュウ）店（０１９）　　口座番号：当座０４６６１３６

フォーラム・ポーランド会議録バックナンバー一覧

『フォーラム・ポーランド 2005-2006 会議録』（2007.4.20 刊） 第 1〜2 号
 「《ヨーロッパへの回帰》をめぐって」
  今村　能　　　「《ヨーロッパ回帰》のポーランド楽壇」
  兵藤長雄　　　「《ヨーロッパ回帰》の夢と現実」
  加須屋明子　　「ポーランド現代美術における《ヨーロッパ回帰》」
  小森田秋夫　　「《ヨーロッパ回帰》のなかの政党システム」
  小山　哲　　　「サルマチア——《ヨーロッパ回帰》と《ヨーロッパ化》のあいだ」

 「ポルスコシチ—ポーランド的なるものをめぐって」
  白木太一　　　「近世ポーランドのシュラフタ文化とポルスコシチ」
  関口時正　　　「narodowość, polskość, lechickość—藝術論争史から」
  神崎伸夫　　　「ポーランドの自然保護に見るポルスコシチ」
  久山宏一　　　「詩聖たちとポルスコシチ」
  楠原祥子　　　「演奏家の見たポルスコシチ——器楽曲になった舞曲としてのマズルカ」

『フォーラム・ポーランド 2007 年会議録』（2007.12.20 刊） 第 3 号
 「ワルシャワをめぐって」
  松平　朗　　　「《ワルシャワの秋》をふりかえって」
  渡辺克義　　　「映画に見るワルシャワ —キェシロフスキ監督作品を中心に」
  柴　理子　　　「日ポ交流史の中のワルシャワ」
  渡辺和男　　　「チューリッヒ、ロンドン、ワルシャワに駐在して」
  安井教浩　　　「両大戦間期ワルシャワの政治文化 —ユダヤ人との共生と反ユダヤ的風潮のはざまで」
  「ワルシャワという町」 工藤幸雄氏に聞く（インタビュー）

『フォーラム・ポーランド 2008 年会議録』（2009.9.15 刊） 第 4 号
 「ポーランドのカトリック」
  家本博一　　　「ポーランドにおけるローマ・カトリック教会と教皇ヨハネ・パウロ2世」
  山田朋子　　　「分割期ポーランドのカトリック教会と聖職者」
  塚原琢哉　　　「聖地と巡礼」
  黄木千寿子　　「ポーランド現代音楽とカトリシズム」
  加藤久子　　　「社会主義期ポーランドのカトリック教会」
  パネル・ディスカッション： 小森田秋夫、家本博一、加藤久子

『フォーラム・ポーランド 2009 年会議録』（2010.10.1 刊）　第 5 号
　　「ショパン」
　　　　ヨランタ・ペンカチュ　　「国民作曲家としてのショパン——ある私物化の物語」
　　　　平野啓一郎　　「《近代小説》の主人公としてのショパン」
　　　　加藤一郎　　「楽譜に刻まれたショパンの音楽世界——前奏曲作品 28 を中心に」
　　　　河合優子　　「ショパンの本質へ——ナショナル・エディションの必然性」
　　　　武田幸子　　「ショパンの手稿譜について」
　　　　パネル・ディスカッション——加藤一郎、河合優子、武田幸子
　　　　　　「ショパンはどこにいるのか？」

『フォーラム・ポーランド 2010 年度会議録』（2011.9.20 刊）　第 6 号
　　「《連帯》運動とその遺産 」
　　　　武井摩利　　「『連帯』運動概史と日本における支援活動 ポーランド資料センターを中心に」
　　　　伊東孝之　　「第三の民主化の波におけるポーランド『連帯』運動」
　　　　梅田芳穂　　「日本の『連帯』」
　　　　山崎博康氏　　「『連帯』未完の革命」
　　　　パネル・ディスカッション：——伊東孝之、梅田芳穂、山崎博康

『フォーラム・ポーランド 2011 年度会議録』（2012.5.25 刊）　第 7 号
　　「《ポーランドとその隣人たち》 シリーズ第一回」
　　　　吉岡　潤　　「20 世紀ポーランドの国境線と隣人たち」
　　　　井上暁子　　「ドイツ／ポーランドの狭間で——20 世紀越境文学の知られざる風景」
　　　　森田耕司　　「チェスワフ・ミウォシュの作品におけるポーランド語の地域的特徴——小説『イッサの谷間』を題材に」
　　　　福嶋千穂　　「正教の《西方》、カトリックの《東方》——合同教会をめぐる諸問題」

『フォーラム・ポーランド 2012 年度会議録』（2013.12.20 刊）　第 8 号
　　「ポロネーズをめぐって」
　　　　黒坂俊昭　　「ルネサンス期・バロック期におけるポーランド音楽の西欧音楽への影響」
　　　　平岩理恵　　「ポーランドにおけるポロネーズの歴史と変容」
　　　　西田諭子　　「ポロネーズからファンタジーへ——ショパンのポロネーズの調整に関する考察」
　　　　小早川朗子　　「19, 20 世紀の器楽曲としてのポロネーズ——ピアノ作品を中心として」

『フォーラム・ポーランド 2013 年度会議録』（2014.6.20 刊）　第 9 号
　　「変貌する世界地図とポーランド——その今日・明日」
　　　　ツィリル・コザチェフスキ

	「外交から見たおけるポーランドの世界及び EU における位置の変化」
蓮見　雄	「エネルギー問題から見たロシア・欧州関係とポーランドの選択」
資料（1）	蓮見雄氏講演スライド
大石恭弘	「ポーランドの事業環境の魅力と課題」
資料（2）	大石恭弘氏講演資料
	「在ポーランド日本商工会会員企業へのポーランド事業環境の評価及び経済特別区に関するアンケート調査報告書」「19, 20世紀の器楽曲としてのポロネーズ——ピアノ作品を中心として」

『フォーラム・ポーランド 2014 年度会議録』（2015.5.25 刊行予定）第 10 号

「アンジェイ・ワイダ」

佐藤　忠男	「アンジェイ・ワイダの映画」
本木　克英	「ワイダに教わる映画の作り方」
大竹　洋子	「こんにちは、ワイダさん——『大理石の男』から Manggha 創立 20 周年まで」
千葉　茂樹	「TV『ナスターシャ・夢の舞台』(1989)」
星埜　恵子	「ワイダが描く 映画・舞台美術」

パネル・ディスカッション——佐藤忠男、本木克英、大竹洋子、岩波律子
「映画におけるポーランド派」の昨日・今日・明日」

ご注文、ご照会は　info@forumpoland.org　まで。

JCOPY 〈(社)出版者著作権管理機構 委託出版物〉

本書の無断複写(電子化を含む)は著作権法上での例外を除き禁じられています。本書をコピーされる場合は、そのつど事前に(社)出版者著作権管理機構(電話 03-3513-6969、FAX 03-3513-6979、e-mail: info@jcopy.or.jp)の許諾を得てください。
また本書を代行業者等の第三者に依頼してスキャンやデジタル化することは、たとえ個人や家庭内での利用であっても著作権法上認められておりません。

アンジェイ・ワイダ
Andrzej Wajda

フォーラム・ポーランド 2014 年会議録
Forum Polska Konferencja 2014

2015年5月25日　初版発行
2018年10月18日　第2刷発行

監　修　フォーラム・ポーランド
編　著　関口時正，田口雅弘

発　行　ふくろう出版
〒700-0035　岡山市北区高柳西町1-23
　　　　　　友野印刷ビル
TEL：086-255-2181
FAX：086-255-6324
http://www.296.jp
e-mail：info@296.jp
振替　01310-8-95147

印刷・製本　友野印刷株式会社
ISBN978-4-86186-652-4 C3030　ⒸTokimasa Sekiguchi,
　　　　　　　　　　　　　　　　　Masahiro Taguchi 2015
定価は表紙に表示してあります。乱丁・落丁はお取り替えいたします。

Publikacja przygotowana przez　„FORUM POLSKA"
Redakcja　　Tokimasa Sekiguchi, Masahiro Taguchi
Wydawnictwo　Fukuro Publishing
Skład i Druk　Tomono Printing Co. Ltd.
ISBN978-4-86186-652-4 C3030
2015（C）Tokimasa Sekiguchi, Masahiro Taguchi